LE

Développement de la Solidarité

PENDANT LA GUERRE

PAR

Emile CORRA

PRIX : 1 fr. 50

PARIS
REVUE POSITIVISTE INTERNATIONALE
Rue de Seine, 54

1916

Développement de la Solidarité

PENDANT LA GUERRE

PAR

Emile CORRA

PRIX : 1 fr. 50

PARIS
REVUE POSITIVISTE INTERNATIONALE
Rue de Seine, 54

—

1916

LE DÉVELOPPEMENT DE LA SOLIDARITÉ

PENDANT LA GUERRE [1]

Préambule

Le Positivisme professe, comme un enseignement, qui se dégage de la philosophie de l'histoire et de l'observation sagace de l'évolution générale de notre espèce, que les sociétés humaines sont, toujours et de plus en plus, solidaires les unes des autres, dans le temps et dans l'espace, et qu'elles tendent spontanément vers la constitution d'une grande association de patries, d'une grande famille de nations qui sera, par rapport aux sociétés actuelles, ce que ces sociétés elles-mêmes sont par rapport aux familles primitives et aux cités antiques qui représentent des stades plus élémentaires de leur développement.

Certes, cette conception positive de l'avenir n'est encore qu'un idéal que les fumées lugubres de la

---

(1) Discours prononcé, au siège de la Société positiviste, le 1er janvier 1916, à l'occasion de la Fête de l'Humanité et ultérieurement revu.

guerre actuelle semblent éclipser ; mais nous sommes précisément réunis, au seuil de cette année nouvelle, pour communier dans notre foi vivace à cet idéal. Nous devons, par conséquent, nous enquérir de tout ce qui peut justifier cette foi et nourrir la conviction de sa légitimité.

Or, à côté de l'affreux spectacle d'égoïsme monstrueux et d'inhumanité savante que l'Allemagne et ses acolytes donnent, en ce moment, au monde, des faits multiples, en harmonie avec notre idéal et propres, non seulement à l'entretenir, mais à le renforcer, se produisent chaque jour.

Par exemple, malgré les horreurs de la guerre, en dépit des haines qu'elle éveille et de l'irréductible antagonisme qu'elle a fait surgir entre les belligérants, les liens de la solidarité nationale et internationale qui rapprochent les hommes continuent à se développer ; l'évolution générale de la civilisation suit son cours éternel et nous vivons, plus que jamais, pour la Patrie et pour l'Humanité.

C'est, du moins, ce que je désirerais mettre en relief.

I

Développement de la solidarité nationale

Naturellement, comme dans toute guerre, la solidarité nationale, l'union civique, ont été renforcées par celle-ci.

La consolidation de cette union, en Angleterre, en

France, en Russie, représenté même la première défaite de l'Allemagne qui, avant de perpétrer ses attentats, avait spéculé sur des divisions intestines dans ces trois pays et caressé l'illusion que ses opérations militaires se trouveraient favorisées par elles.

Toutefois, les caractères les plus sublimes de l'union nationale se rencontrent chez les petits peuples martyrs, la Belgique, la Serbie, le Monténégro, qui ont mis le souci de leur dignité, de leur liberté, de leur droit à l'existence indépendante, au dessus de la considération de tout intérêt matériel et qui, de la sorte ont prouvé, d'une manière magnanime, que les devoirs envers la patrie peuvent, sans contradiction, se concilier avec les devoirs envers l'Humanité; car leur cause est celle du droit à la vie et à la justice qui doivent régir les relations internationales non moins rigoureusement que les relations mutuelles des membres d'une société civilisée quelconque.

1° La solidarité nationale dans les nations martyres : Belgique, Serbie, Monténégro

En s'insurgeant contre la diplomatie scélérate de l'Allemagne, en repoussant dédaigneusement, dans la nuit du 2 août 1914, « l'outrageant marché » qu'elle lui proposait, la Belgique n'a agi, selon la noble déclaration de M. Carton de Wiart, son ministre de la Justice, « ni par convoitise ou par jalousie, ni par crainte, ni par intérêt, ni dans l'espoir d'une revanche, mais simplement pour demeurer fidèle à ses engagements et ne pas forfaire à sa signature. Et c'est ainsi que l'honneur lui est spécialement échu de représenter, contre une puissance manifestement parjure, et en aveu de l'être, le respect de la parole donnée qui est la base même de la civilisation. » (1)

Cet honneur est unanimement reconnu à la Belgique par tous ceux aux regards de qui ce mot magique conserve son sens traditionnel.

« La première erreur de calcul de l'Allemagne, dit M. Asquith, a été de croire que la Belgique, petit Etat prospère, n'ayant absolument aucun intérêt dans les querelles européennes, garanti par les accords conclus en commun et séparément par les grandes Puissances, n'offrirait ni insulte, ni résistance, à une force allemande qui se servirait de son territoire comme d'un grand chemin pour envahir la France. Comment les Allemands pouvaient-ils imaginer que ce petit pays, plutôt que de laisser violer sa neutralité, insulter et menacer son indépendance, était prêt à voir ses champs inondés du sang de ses soldats, ses villes et ses villages saccagés par des maraudeurs, et son merveilleux héritage de trésors et de monuments bâtis pour lui par la piété, l'art et la science du passé, impitoyablement dévastés ? L'attachement passionné d'une population numériquement petite à la parcelle de territoire qui paraît minuscule sur la carte, l'orgueil et l'attachement invincible d'un peuple libre à son propre état libre, telles sont les choses auxquelles apparemment la philosophie de Potsdam n'avait jamais songé !

« Ce n'est que rarement qu'on trouve dans l'histoire une telle disparité matérielle entre les envahisseurs et les envahis. Mais la disparité morale était au moins aussi grande, car la résistance indomptable des Belges a fait plus que changer le cours de toute la campagne. Elle a prouvé au monde que les idées, qu'aucun calcul matériel ne saurait ni peser ni mesurer, peuvent encore

(1) Allocution à la Société de Géographie de Paris, le 26 novembre 1915.

inspirer et dominer l'humanité. C'est la raison pour laquelle le monde civilisé, en ce moment, envoie toute sa sympathie à ces petits Etats, la Belgique, la Serbie et le Montenegro, qui ont joué un rôle si digne dans cette lutte historique. » (1)

Oui ! L'Humanité sera perpétuellement redevable au peuple belge de 1914 de deux services inappréciables. Sa fierté patriotique inflexible et chevaleresque, son intrépide résistance à la violation de son territoire ont eu pour résultats de dresser, en face de la formidable force brutale de l'Allemagne, la force morale désarmée contre laquelle toutes les machines de guerre demeurent éternellement impuissantes, et de faire échouer tout le plan, laborieusement et savamment conçu, des opérations militaires de cette puissance criminelle ; car, en se sacrifiant, comme les Grecs aux Thermopyles, pour arrêter les hordes barbares, l'armée belge a retardé de trois semaines l'irruption de ces hordes dans le Nord de la France et amorti le coup de massue destiné à nous écraser.

La vigueur admirable de ce patriotisme farouche s'est maintenue, en dépit de la défaite, en dépit de l'affreuse misère dans laquelle la suite des événements a plongé le pays.

Les Allemands ont subjugué les Belges ; ils ne parviennent pas à les vaincre.

Semblables à une bande de pourceaux lâchée dans un sanctuaire, ils ont saccagé, déshonoré, souillé, anéanti le grand musée archéologique qu'est la Belgique. Aucun des trésors artistiques de toute nature, qui faisaient la parure de ce beau pays, n'a été épargné par leur stupidité ; ils ont incendié les villes, exterminé les habitants, procédé à des exécutions en masse, restauré

(1) Discours à Dublin, 25 septembre 1914.

le régime de terreur du duc d'Albe ; ils ont abouti aux mêmes insuccès que ce tyran fanatique et sanguinaire du XVI° siècle.

Imaginant qu'on se résignerait à leur domination et même qu'on la préférerait, ils ont ensuite multiplié les offres les plus tentantes ; ils n'ont même pas obtenu que les pauvres consentent à travailler pour eux (1).

L'héroïsme de la Belgique grandit en se prolongeant et l'admiration qu'il inspire croît simultanément, concentrée sur les symboliques et resplendissantes figures du Roi, de la Reine et du cardinal Mercier.

La Serbie, de son côté, a donné un impérissable exemple de patriotisme et de sacrifice à la cause générale de l'indépendance des nations.

Affaiblie par plusieurs années de guerre, trahie par la Grèce son alliée, poignardée dans le flanc par la Bulgarie, assaillie par trois armées très supérieures à la sienne, déçue dans son espoir d'être secourue, elle ne s'est pas soumise ; ses troupes se sont lentement repliées dans les montagnes ; elles ont défendu pied à pied son territoire et fait chèrement payer chacun des progrès que l'envahisseur a faits sur lui.

Méprisant le sort des « ventres dorés » de la Grèce, ce peuple, qui n'a jamais consenti à vivre dans la sujétion, s'est exposé au sort le plus atroce, plutôt que d'abdiquer ses droits à la liberté.

---

(1) Extrait d'une lettre de Charleroi, publiée dans le *Temps* du 25 décembre 1915 :

« Plus de 3.000 familles d'ouvriers sont dans une misère noire. Les ouvriers se promènent en sabots, les mains dans les poches. Ils préfèrent être secourus par le Comité américain plutôt que de travailler pour les Allemands. Et, cependant, ceux-ci leur offrent des salaires très élevés, 20, 25, 30 francs par jour. Tout, mais pas ça ! Plutôt mourir de faim . . . .

« Tout le monde conserve confiance et bon espoir. »

Il a repoussé les propositions de paix honteuse qu'on lui adressait, et, d'une seule voix, gouvernement, représentation nationale, armée, peuple entier, se sont écriés : « Notre voie est tracée. Nous devons rester fidèles à l'Entente et mourir avec honneur. » (1)

Les femmes, les enfants, les vieillards ont suivi le Gouvernement et l'armée sur les chemins de l'exil.

Mais des peuples, qui ont une aussi fière conception du patriotisme et de la liberté, ne peuvent pas périr.

C'est pourquoi le minuscule Montenegro s'est élevé à la même dignité morale que la Belgique et la Serbie, en liant son sort à celui de ce dernier pays, et en subordonnant, comme lui, tous ses intérêts à son indépendance.

Bien que submergée, ruinée, martyrisée, chacune de ces infortunées petites nations recueillera finalement plus de gloire et plus de reconnaissance de la postérité que l'Allemagne, colossale et maudite; parce que chacune d'elles s'est sacrifiée héroïquement pour un idéal national universellement respecté, pour la cause éternelle du droit et de la liberté insurgés contre la tyrannie de la force.

2° Le développement de la solidarité nationale en France

En dehors des petites nations, moralement si grandes, dont le douloureux et mémorable martyre stoïquement accepté, émerveillera l'histoire, l'union

(1) Déclaration de M. Pachich, premier ministre, ratifiée par la Skouptchina.

nationale s'est aussi développée, avec une incomparable vigueur, chez les grands peuples attaqués ou menacés par les multitudes germaniques.

Parmi ces peuples, la France nous est mieux connue. C'est notre patrie ; nous l'observons objectivement ; nous participons à toutes les émotions, à toutes les angoisses, à tous les sentiments que la vie publique y suscite ; elle nous offre donc le champ d'études le plus fertile pour l'appréciation du resserrement des divers liens de l'union nationale que la guerre a provoqué.

C'est pourquoi j'explorerai ce champ tout d'abord.

En premier lieu, il faut constater que l'union sacrée est, au plus haut degré, réalisée parmi les militaires, c'est-à-dire dans toute la partie masculine de la nation en état de porter les armes et coopérant directement à la guerre.

Là, toutes distinctions de classes, d'éducation et même de grades disparaissent devant le devoir et le danger communs.

Les qualités militaires seules différencient les hommes dont la solidarité est générale et constante, puisque le sort de tous dépend, parfois, de la vigilance d'une sentinelle, de l'audace d'un aviateur, de la sagacité d'un observateur d'artillerie, de la présence d'esprit d'un chef.

La liaison des armes n'est pas moins essentielle que celle des éléments d'une troupe homogène et tous les efforts, si variés que soient leurs modes d'action, convergent vers le même but.

Il en résulte une fraternité spontanée que suffirait, d'ailleurs, à susciter la grande et silencieuse leçon qui se dégage de la similitude des fatigues et des privations endurées, de l'imminence du même péril, de l'égalité devant les blessures et la mort.

Sous l'empire de cette fraternité, les soldats se dévouent pour leurs camarades en péril, pour leurs officiers blessés, et ils sont eux-mêmes l'objet de soucis vraiment paternels de la part de leurs chefs. comme en témoigne le discours prononcé à la Chambre des Députés, le 30 novembre 1915, par le lieutenant-colonel Driant, rapporteur de la loi relative à l'incorporation de la classe 1917.

La sympathie des anciens pour les jeunes est telle que de vieux soldats se sont fait tuer en cherchant à se procurer du bois pour réchauffer les jeunes recrues des classes 1914 et 1915 que le froid faisait grelotter dans les tranchées.

Une sympathie analogue à celle qui lie les compagnons d'armes entre eux rattache les civils aux militaires. Le sort de ces derniers est la préoccupation constante, non seulement des administrations chargées de pourvoir à tous leurs besoins matériels et moraux, non seulement de la part des familles dont les membres sont sous les armes, mais de la part de l'ensemble du public qui compatit journellement aux souffrances qu'ils endurent, aux dangers qu'ils courent, qui s'assimile à eux et qui vit subjectivement, à leurs côtés, dans les dures conditions que la lutte acharnée qu'ils soutiennent leur impose.

Aussi, par tous les moyens, s'ingénie-t-on à soulager leur misère ou à la prévenir.

C'est sous l'inspiration de cet altruisme constant que se sont fondées l'œuvre de l'hygiène du soldat, celle du soldat au front, de la coordination des secours aux soldats, et les innombrables œuvres hospitalières, ou les œuvres des prisonniers de guerre, des mutilés de la guerre, des soldats aveugles, des permissionnaires des régions envahies et maintes autres.

Les soldats, originaires des régions envahies, privés de toute relation avec leurs familles et de tout témoignage d'affection, ont particulièrement excité la sympathie ; leur infortune a donné naissance à la touchante institution des marraines de guerre et le réconfort moral qu'ils peuvent recevoir, dans leur isolement, de ces bienfaitrices, parfois inconnues, a, pour eux, autant de prix que les secours matériels qu'on leur fait parvenir.

Mais la fraternité, qui règne dans l'armée et entre l'armée et la nation, provient aussi d'une plus vaste source, à savoir de l'union qui s'est primitivement faite dans l'opinion publique tout entière.

Sous l'empire de la nécessité, toutes les querelles politiques se sont, en effet, subitement éteintes ; la tolérance et la concorde les ont remplacées sans efforts ; le gouvernement s'est reconstitué à l'image du pays et, depuis la guerre, toute la vie publique est, comme la vie privée, dominée par la préoccupation de la défense nationale, par le souci du salut de la patrie, par l'attente du dénouement. Bien rares et bien misérables sont ceux qui cherchent à se distraire de cette idée fixe.

L'union nationale est aujourd'hui mieux réalisée en France qu'elle le fut jamais.

Rien de semblable ne s'est vu sous la Révolution, à la fin du premier Empire, ni pendant la guerre de 1870.

Aucune des divisions politiques de ces époques similaires ne s'est reproduite ; tous les partis ont désarmé ; ils se sont confondus dans le même sentiment du devoir, dans la même énergie laborieuse, dans la même espérance civique.

Ceux-là mêmes, qui souffrent le plus de la guerre,

ne murmurent pas contre elle, grâce aux nombreuses œuvres philantropiques qu'elle a enfantées. Telles, les œuvres d'assistance aux familles des mobilisés, aux réfugiés, aux chômeurs, aux infortunés, aux orphelins de la guerre.

La guerre a vigoureusement stimulé le sentiment social et l'esprit de sacrifice ; elle a, sans distinction, astreint les intérêts personnels et les personnes elles-mêmes à une subordination rigoureuse envers l'intérêt public, et, grâce à cette subordination, nous avons pu, par une activité fiévreuse de jour et de nuit, réparer les lacunes de notre préparation et pourvoir aux immenses et incessants besoins du combat et des combattants.

Les femmes n'ont pas moins activement, ni moins utilement que les hommes, participé à l'organisation de l'union sacrée générale qui ne s'est pas un instant démentie.

Semblables aux châtelaines du Moyen-Age qui administraient le domaine pendant que le seigneur faisait la guerre, les unes se sont bravement substituées à leur mari mobilisé ; en son absence, elles ont assumé la direction de leurs intérêts communs laissée vacante par son départ.

D'autres ont vaillamment assuré le service des usines de guerre et de plusieurs grandes administrations publiques, transports, postes, établissements financiers, ministères.

D'autres enfin se sont discrètement vouées à des œuvres d'assistance, dans lesquelles elles ont souvent poussé le dévouement jusqu'à l'héroïsme, comme l'inscription des noms de plusieurs d'entre elles, au livre d'or des héros civils, en fait foi.

De toute manière, le rôle, que les femmes jouent

dans la vie morale et économique, s'est beaucoup développé en France depuis la guerre ; elles ont, en outre, fait preuve des plus nobles sentiments civiques, en se montrant aussi résolues que les hommes à la lutte à outrance, en résistant aux courants pacifiques suspects, organisés pour détremper l'énergie des adversaires de l'Allemagne, et en protestant dignement, par l'organe de leur Conseil national, contre la naïve conférence que les suffragettes ont tenue à la Haye.

De l'ensemble des conditions, sommairement analysées ci-dessus, il résulte que la France possède actuellement une remarquable force morale puisée dans la haine que lui inspire son agresseur et dans l'amour de son indépendance, dans la claire vision de l'importance capitale du dénouement de cette guerre, dans la résolution de mettre un terme aux entreprises du militarisme allemand et dans la certitude d'y parvenir avec le concours de ses alliés.

La religion de la Patrie, qui ne connaît pas d'athées, selon la belle remarque de Jules Ferry, l'attachement aux nobles traditions de l'Humanité, donnent généralement à tous les Français le même état d'âme.

En dépit de l'inquiétude que la prolongation imprévue de la guerre et la date incertaine de sa conclusion produisent chez quelques timorés ou chez quelques égoïstes, fatigués des préoccupations civiques obsédantes qu'elle leur impose et des perturbations qu'elle apporte à leur *far niente* social habituel, en dépit des erreurs, évidemment déplorables, que le gouvernement, le parlement et le commandement militaire ont parfois commises, l'esprit de la masse du public reste confiant, résolu, stoïque, admirable.

Aucune épreuve ne l'a troublé.

Les échecs du début de la campagne, l'insuccès des offensives ultérieures sur lesquelles il fondait les plus grands espoirs, la lenteur et les complications inattendues des opérations ne l'ont pas affaibli ; ils n'ont pas altéré sa confiance dans le triomphe définitif.

Le civil résiste comme le soldat ; il s'est, de jour en jour, imprégné de « l'esprit de guerre ».

Sa résolution à tous les sacrifices s'est affirmée par le succès de l'emprunt et par les quinze milliards de souscriptions, émanant en grand nombre de bourses modestes, qu'il a provoquées.

C'est pourquoi M. Ribot, ministre des finances, a légitimement exprimé le vœu que « le gouvernement et les Chambres se montrent dignes du pays ». C'est pourquoi le général Galliéni, ministre de la guerre, a pu dire :

« La France, il y a dix-huit mois, voulait la paix ; elle voulait la paix pour elle et pour les autres. Aujourd'hui elle veut la guerre....................

...« Celui qui, dans la rue ou dans l'atelier, prononce le mot de « paix » est considéré comme un mauvais citoyen....... ....

...« La France ne s'arrêtera que quand elle pourra dire, avec ses alliés : « J'ai obtenu pleine et entière satisfaction. » (1)

3° Le développement de la solidarité nationale en Angleterre

Au mois de juillet 1914, l'Angleterre souffrait de divers malaises qu'en Allemagne, plus qu'ailleurs sans

(1) Séance du Sénat du 28 décembre 1915.

doute, on se plaisait à considérer comme de graves symptômes.

Le parti conservateur faisait au gouvernement libéral une opposition vive, à cause de son audacieuse politique démocratique. Les suffragettes multipliaient leurs manifestations politiques et quelques-unes traduisaient leurs passions par des actes individuels dramatiques. Les armées de volontaires antagonistes, qu'on avait laissé se recruter, s'armer et s'organiser en Irlande, étaient près de se heurter.

D'autre part, le ministère était animé de dispositions pacifiques telles que, quand la guerre menaça d'embraser l'Europe, il n'eut d'autre préoccupation que d'éteindre le foyer qui s'allumait ou, tout au moins, de le localiser.

Ces sentiments et cette louable ambition expliquent l'indécision initiale du cabinet britannique à proclamer que l'Angleterre interviendrait dans le cas de la généralisation du conflit, et la réponse embarrassée du Roi à la sollicitation pressante que le Président de la République lui adressa pour obtenir l'annonce de cette intervention éventuelle.

Le silence significatif qu'opposa l'Allemagne à l'invitation de divulguer ses intentions au sujet du respect de la neutralité de la Belgique et la nouvelle que la flotte anglaise protégerait, le cas échéant, les côtes de France, commencèrent à jeter l'émoi dans le public; mais ce fut, en réalité, la violation de la neutralité belge qui, comme une sorte de coup de foudre, dévoila les secrets desseins de l'Allemagne et provoqua l'explosion d'un sentiment unanime.

Alors le miracle anglais, semblable à ce que l'on a nommé le miracle français, se produisit. La nation, hier divisée, hier en ébullition tumultueuse, cristallisa soudain ; elle se transforma en un bloc homogène que rien, depuis lors, n'a pu désagréger.

« C'est la Belgique qui a rendu à l'Angleterre cet immense service de lui faire comprendre où était son devoir, d'ouvrir ses yeux à la réalité. Dans les pays démocratiques, il ne suffit plus que quelques hommes clairvoyants préconisent la politique à suivre. Il ne suffit plus que le bilan des intérêts matériels conseille une ligne de conduite plutôt qu'une autre. Il est nécessaire que la justice de la cause empoigne le peuple, le soulève au-dessus des difficultés et des misères de la vie quotidienne et allume en lui ce feu sacré qui fait du sacrifice une joie et du péril un devoir. Le spectacle de la Belgique, vaillante et outragée, de la petite Serbie, barrant avec son corps le passage de l'agresseur rapace et sauvant ainsi les libertés des Etats balkaniques et les intérêts vitaux des Alliés — de cette Serbie à qui nous devons plus encore qu'à la Belgique, puisque, derrière la Belgique, se tenait debout la France, et, à côté de la France, l'Angleterre, tandis que, à côté de la Serbie, il n'y avait personne pour la soutenir et lui prêter main-forte — ; la vision de la France, la patrie des nobles idées et des impulsions généreuses, se levant comme un seul homme pour démontrer au monde que la plus haute civilisation s'accorde encore avec l'héroïsme le plus exalté ; de l'immense Russie se faisant le héraut de la rédemption polonaise et slave, mobilisant ses millions pour sauver l'Europe d'une barbarie scientifique, — ces saisissants spectacles ne pouvaient pas laisser indifférent le peuple anglais. Abrité dans son île contre les assauts de l'envahisseur, ce peuple a pu, tout d'abord, sembler méconnaître l'étendue des sacrifices, l'intensité des souffrances des autres. Ce n'était qu'une apparence trompeuse. » (1)

« Si l'Allemagne s'était abstenue de violer la neutralité de la Belgique, il eut été beaucoup plus difficile de faire marcher tout le peuple anglais comme un seul homme pour la guerre ; l'appel eût été beaucoup moins clair ; la crise diplomatique aurait provoqué une crise intérieure. Le désir d'aider la France était, il est vrai, très fort chez nous ; mais une attaque allemande directe contre elle n'aurait pas secoué le pays entier comme a fait la violation de la petite Belgique. D'ailleurs, pour la Belgique, il y avait l'obligation connue, écrite, imprescriptible. Et si ses qualités sont, je ne dis pas douteuses, mais un peu nébuleuses, le peuple anglais a le respect de la parole donnée. Sans la violation de la Belgique, l'Angleterre serait certainement intervenue plus tard..... trop tard. » (2)

A la suite de ce crime inexpiable contre le droit des gens qui menaçait de ruine la morale internationale si péniblement ébauchée, toutes les divisions cessèrent en Angleterre. L'union se fit instantanément, indissoluble, autour du gouvernement tirant l'épée du fourreau pour le châtiment des cyniques violateurs de l'indépendance des nations et ceux-là même qui n'avaient jamais défendu que la cause de la paix, socialistes ou membres du parti travailliste, prirent nettement position en faveur de la guerre. Les derniers, notamment, adressèrent aussitôt d'ardentes proclamations à la fédération générale des trade-unions pour déclarer que « la seule pensée des méthodes arrogantes et brutales auxquelles doit se soumettre un peuple sous un gouvernement contrôlé par une auto

____

(1) Henry Wickam Steed, directeur de la politique étrangère du *Times : L'Angleterre et la guerre.* Colin, édit., p 29.

(2) *Idem : L'effort anglais,* Colin, édit., p. 20.

cratie militaire — vivant pour ainsi dire à l'ombre menaçante de la guerre — suffirait à exciter l'enthousiasme de la nation et à la faire résister à toute tentative d'imposer des conditions semblables aux pays exempts de tout despotisme militaire. »

Ces pacifistes d'hier se déclarèrent prêts à tout sacrifier pour que la guerre eut un résultat conforme à leur idéal ; ils protestèrent ensuite contre toute tentative de paix prématurée et ne cessèrent de prêcher la guerre à outrance.

L'Irlande aussi fit preuve d'un loyalisme irréprochable et la mésaventure récente de quelques révolutionnaires irréductibles, qui se sont disqualifiés en acceptant d'être les émissaires stipendiés de l'Allemagne, ne doit pas faire oublier que, dès le premier cri d'alarme, les querelles des nationalistes et des unionistes cessèrent, et que 150.000 Irlandais se sont, depuis, volontairement engagés dans l'armée ou la flotte britanniques, de sorte que si l'on ajoute ce nombre à celui des Irlandais antérieurement incorporés et à celui des Irlandais émigrés qui sont revenus prendre leur place de combat à côté de leurs compatriotes, on peut évaluer à 500.000 la masse des Irlandais volontairement groupés sous les étendards de l'empire britannique pour préserver leur prestige.

Grâce à cette transformation de l'opinion publique et à l'unanimité de ses sentiments, un gouvernement vraiment national, auquel tous les partis ont prêté le concours de leurs représentants les plus illustres, a été constitué ; la nation a supporté, sans gémir, les impôts les plus lourds et les atteintes les plus douloureuses à ses prérogatives séculaires, et le peuple anglais, réputé flegmatique et froid, a fait un effort enthousiaste et gigantesque pour mettre son organisation militaire en harmonie avec les exigences de la situation. La haine, les menaces, les actes de barbarie sans précédents dont il a été l'objet de la part de l'Allemagne, loin de l'intimider, ont redoublé l'ardeur et la ténacité de sa volonté de la châtier ; finalement, il donne le plus magnifique exemple de patriotisme, d'énergie civique et de dévouement à la civilisation générale.

Cette énergie réfléchie de tout un peuple, décidé à consacrer la totalité de ses ressources à une lutte implacable contre un ennemi sans scrupules, s'est d'abord traduite par les trois millions de volontaires de tout âge et de tout rang qui ont successivement répondu aux appels réitérés de lord Kitchener, le génial organisateur de la victoire anglaise.

Plusieurs fois, — les événements stimulant à nouveau le patriotisme — de véritables levées en masse s'opérèrent en Angleterre comme dans la France de 1792. Lord Derby entretint systématiquement ce mouvement en faveur du volontariat, quand on s'aperçut, en décembre 1915, qu'il commençait à ne plus suffire aux immenses besoins des armées modernes, insatiables dévoratrices d'hommes. Puis l'institution du service obligatoire pour les célibataires et celle du service obligatoire pour tous, firent triompher le principe que, quand la patrie est en danger, il n'est permis à personne de se soustraire, au nom de la liberté individuelle, au devoir de la défense nationale.

Ainsi la « misérable petite armée anglaise » qui ne comptait que 200.000 soldats en août 1914, est forte aujourd'hui de 5.000.000, répartis sur tous les fronts et qui, sur celui du Nord de la France, notamment, d'Ypres à la Somme, tiennent en échec le colosse allemand depuis près de deux ans et commencent à lui porter des coups mortels.

Voici l'impression produite par cette armée sur un

observateur désintéressé, un journaliste espagnol, M. Diaz Retg, qui a pu visiter le front anglais en France, en mai 1916. Après avoir dépeint l'émerveillement que la prodigieuse accumulation d'hommes, d'armes, de munitions et de services-modèles, qu'il y a vue, lui a causé, cet auteur ajoute :

« Mais il y a une chose qui vous étonne plus profondément, qui vous laisse abasourdi, ahuri même : c'est que tout ce que vous voyez n'existait pas il y a à peine quinze mois, et que tous ces hommes que vous contemplez, que tous ces officiers élégants, polis, chevaleresques, qui vous accompagnent et qui vous renseignent combattent *hors de leur patrie*, pour défendre un sol qui est celui de leurs alliés, et qu'ils sont là parce qu'ils le veulent, parce qu'ils en ont la volonté souveraine, parce qu'ils l'ont pensé, l'ont réfléchi et s'y sont décidés. Leur geste, c'est un geste spontané : pas de contrainte opposée à leur liberté; pas de lois imposées à leur libre arbitre.

« Ce sont les soldats volontaires d'un pays où le soldat était presque un déclassé, où le « traîneur de sabre » était regardé comme une chose quelque peu exotique ou démodée, Le soldat ! *The soldier !* On n'en voulait pas avant août 1914. Mais après la brutale agression germanique, après le passage vandalique à travers la Belgique des petits-fils des Huns, des hordes de l'Attila-Guillaume, quelle transformation gigantesque en Angleterre ! Il faut avoir vécu chez les Anglais avant la guerre, il faut les avoir vus chez les Français en 1916 pour mesurer toute l'intensité de la révolution subie par la société et par l'esprit de la vieille Angleterre. »

En effet, il n'a pas fallu moins qu'une révolution sociale, non seulement pour recruter les innombrables masses d'hommes qui composent désormais l'armée anglaise, mais encore pour pourvoir ces masses de tout ce que leurs besoins physiques et militaires exigent.

Pour cela, les usines anciennes se sont transformées ; de nouvelles usines sont sorties du sol ; l'Angleterre est devenue un atelier de guerre et, grâce à un autre génial organisateur, émule de Kitchener, Lloyd George, 3.000 usines, placées sous le contrôle du Gouvernement, travaillent aujourd'hui pour la défense nationale ; 3.000.000 d'ouvriers, dont 300.000 femmes, y sont employés, jour et nuit ; car, en faisant appel au sentiment patriotique, Lloyd George a obtenu, d'une part, la réglementation des bénéfices de guerre, de l'autre, la suspension des règlements syndicaux pendant les hostilités et, dans les usines de guerre anglaises les classes se trouvent maintenant confondues comme les sexes. L'aristocrate y est, autant qu'à l'armée, le compagnon du prolétaire et la femme du monde y travaille à côté de l'ouvrière professionnelle.

La fièvre de l'activité industrielle guerrière a gagné jusqu'aux universités qui, non-seulement se sont transformées en casernes dans lesquelles on instruit les recrues, mais où une délégation officielle de nos compatriotes, dernièrement invitée à visiter tous les organismes nouveaux de l'Angleterre, a fait les constatations suivantes :

..... « Quant aux laboratoires, s'ils sont vides d'étudiants, ils sont tout vibrants d'une vie intense ; eux aussi sont mobilisés et participent à la guerre ; chimie, physique, mécanique, biologie, etc..,, tout collabore à l'œuvre commune ; la science elle aussi est devenue guerrière et a pris pour devise *Tam Marte quam Minerva*. Dans ces ateliers, on tourne des obus, on fait des explosifs, on imprime des brochures de propagande, on forme des ouvriers spécialistes et il n'est pas rare de

trouver parmi ces derniers des personnes d'une éducation et d'une instruction raffinées à qui leur âge ne
permet plus de s'engager, mais qui ont tenu du moins à
donner à la cause publique le secours de leurs bras.» (1)

Toute cette armée des usines anglaises ne travaille
pas seulement, d'ailleurs, pour les armées de terre ; elle
travaille aussi pour « la grande flotte », pour l'impé-
ratrice providentielle et majestueuse de la vaste mer,
qui s'est accrue d'un tonnage égal au tonnage de la flotte
allemande et dont je retracerai, de préférence, le rôle
inestimable, de même que celui des colonies anglaises,
dans la seconde partie de ce tableau qui sera consacrée à la description du développement de la solidarité
internationale pendant la guerre.

Pour terminer cette esquisse de l'essor de l'union
nationale en Angleterre même, je dois seulement si-
gnaler encore que ce pays ne s'est pas borné à mobili-
ser, en vue de la ruine finale de la monstrueuse entreprise allemande, toutes ses ressources anthropologi-
ques et industrielles ; il a, de plus, engagé dans la
même cause, les richesses prodigieuses dont il dispose.

Il a dépensé 38 milliards en 1915-16 ; il dépense
maintenant plus de 125 millions par jour, et les financiers anglais ont résolument déclaré que, si le Gouvernement avait besoin de 85 milliards pour vaincre, ils
les lui fourniraient.

Ainsi, la sociocratie, proposée par Auguste Comte
comme un idéal, s'est spontanément et splendidement
instituée, sous toutes ses formes, chez ce grand peuple

(1) Interwiew de M. Jonbin, recteur de l'Académie de Lyon, président de la Mission universitaire française, dans le Royaume-Uni. *In le
Temps*, du 15 juin 1916.

libre, défenseur jaloux de l'indépendance individuelle qui caractérise, depuis tant d'années, sa nature propre et ses mœurs, et tous ses éléments ont donné au monde une inoubliable leçon de morale civique, en s'assujettissant de bonne grâce à l'accomplissement des devoirs sociaux les plus sévères, imposés par les circonstances et quelque nouveaux qu'ils fussent.

« Depuis le commencement de cette guerre, le peuple anglais a évacué l'un après l'autre, et volontairement, tous les retranchements conquis pendant les siècles passés. Au grand étonnement du gouvernement, toutes les classes se sont montrées prêtes à marcher à l'appel du devoir. L'Angleterre a sacrifié ce qu'elle avait de plus sacré ; elle a fait la conquête d'elle-même. Voilà l'effort moral de l'Angleterre. » (1)

C'est à cet effort moral, évidemment, que sont dûs les admirables résultats de son effort militaire, industriel et financier.

4° Le développement de la solidarité nationale en Russie

En raison de la grande diversité des peuples qui la composent, la Russie, que le tzar Alexandre III regardait comme la sixième partie du monde, est une sorte d'empire colonial, tel que quelques-unes de ses provinces servent de terres d'exil. Cependant, chez elle aussi, tous les calculs de l'Allemagne, basés sur l'espoir de divisions anarchiques, ont été déjoués, et l'engagement solennel, pris par le tzar, le 1er août 1914, « de ne pas conclure de paix, tant que le dernier soldat

(1) Henry Wickham Steed : *L'Effort anglais*, p. 17.

ennemi n'aurait pas quitté le pays », a été ratifié par la volonté nationale.

« Plus la guerre est devenue terrible, plus la Russie s'est pénétrée de la ferme et inébranlable résolution de mener la lutte à bonne fin. Cela demandait la pleine union de toutes les classes et le développement de toutes les facultés créatrices de la nation. » (1)

Mais « le peuple polonais, chevaleresque, noble, fidèle, brave, qui mérite toutes les sympathies et un respect sans mélange, » et toutes les autres nationalités du colossal empire, sans distinction de croyance ou de langue, sont restées immuablement fidèles à la mère-patrie. (2)

Les rudes épreuves auxquelles les viscissitudes de la guerre ont soumis ce loyalisme, dans le cours du premier semestre de 1915, l'ont encore fortifié et, en prenant possession de la présidence de la Douma, au mois d'août de cette année-là, M. Rodzianko a pu dire : « La guerre nous a tous réunis ; la guerre a fait disparaître tout ce qui nous divisait, unissant en un tout solide les représentants de la Grande-Russie dans le but unique de la victoire. »

Pour mieux attester cette indissoluble union et cette résolution inébranlable, les exilés ont été rappelés, les ministres douteux ont été éliminés, le tzar a pris le commandement suprême des armées, et lorsqu'on a pu soupçonner que les manœuvres de la réaction, devenue germanophile parce qu'elle pressent que la défaite de l'Allemagne causera sa chute irrémédiable, provenaient de dispositions à une paix séparée, toute la nation, alors représentée par les

---

(1) Discours de M. Rodzianko, à l'ouverture de la séance de la Douma, le 1er août 1915, premier anniversaire de la guerre.

(2) Déclaration de M. Goremykine, président du Conseil des Ministres, à la séance de la Douma du 2 août 1915.

congrès qu'ont tenus, à Moscou, au mois d'octobre 1915, les conseils provinciaux (zemstvos) et les municipalités, s'est, selon l'expression du prince Eugène Troubetzkoï, « levée comme un seul homme, contre le danger intérieur, aussi bien que contre le danger extérieur. »

Les socialistes eux-mêmes ont pris une part active à cette manifestation de l'opinion patriotique qui s'est traduite par le cri : « Devant l'ennemi, tout pour la guerre ! » Leurs chefs les plus autorisés ont, d'un commun accord, signé une proclamation aux ouvriers, artisans, employés et paysans, pour les inviter à se rallier à cette idée que « l'indifférence de leur part, relativement à l'issue de cette guerre, serait un suicide politique », et « qu'une défaite de la Russie, dans sa lutte contre l'Allemagne, serait une défaite aussi dans sa lutte pour la liberté. »

Le révolutionnaire Vladimir Bourtzef, retour de Sibérie, a dit : (1)

« Tout pour la guerre ; car c'est elle qui doit dominer toutes les autres questions et les reléguer au dernier plan. Toutes nos pensées doivent aller à la guerre et toutes nos forces doivent être employées dans un seul et unique but ; remporter la victoire sur les Allemands.

. . . .

« Ayant longtemps séjourné dans nos provinces lointaines de Sibérie, je puis certifier que les dispositions de nos grandes masses populaires sont entièrement pour la continuation de la guerre jusqu'au bout, jusqu'à la victoire. J'ai entendu parler nos

(1) V. le *Temps* du 29 décembre 1915.

paysans avec enthousiasme ; notre armée et les magnifiques exploits de nos soldats causent un réel orgueil à notre peuple. »

Grâce à cette fusion générale des âmes, que le tzar a rendue évidente en honorant de sa présence, au mois de février 1916, la réouverture des travaux de la Douma, et en se déclarant « inflexible dans sa résolution de ne pas désarmer avant d'avoir vaincu l'ennemi », la Russie a entrepris la mobilisation méthodique et intense de ses inépuisables ressources minières, industrielles et militaires ; elle a reconstitué ses services, restauré ses cadres, développé une activité fébrile sur toute la surface de son vaste territoire et, sans cesser de maintenir l'ennemi sur les lisières, en l'écrasant même en Arménie, elle s'est mise en état d'armer et de faire entrer en ligne, au cours de 1916, six millions de soldats nouveaux.

Elle a si bien rempli cette tâche que le premier réveil de son offensive a provoqué la débâcle de l'armée autrichienne ; mais, de l'aveu même du conducteur de cette brillante opération, le général Broussiloff, ce résultat est dû « en grande partie à ce que l'armée d'aujourd'hui représente le peuple russe tout entier, uni dans le désir de poursuivre la guerre jusqu'au triomphe final. »

5° Le développement de la solidarité nationale en Italie

L'Italie se distingue des autres nations auxquelles les empires germaniques ont imposé la guerre par cette particularité qu'elle l'a voulue et qu'elle l'a déclarée après une longue et mûre délibération ; et si elle l'a voulue si elle a pu l'engager, c'est parce qu'elle lui est apparue comme une guerre éminemment nationale, même comme une guerre d'affranchissement.

D'abord, avec une clairvoyance et une promptitude qui, beaucoup mieux que la laborieuse critique des notes diplomatiques échangées durant la semaine tragique, désignent à la vindicte de l'histoire les véritables auteurs du grand crime de 1914, elle s'est, dès le premier jour, dégagée de tout lien avec ces auteurs, envers qui son traité d'alliance ne l'obligeait que dans le cas d'une guerre défensive. En vertu de ce fait, elle a même pu dire, à juste titre, que ce traité fût déchiré, non par elle, mais par les autres signataires.

Puis, elle a senti que ses aspirations et ses intérêts, heureusement en harmonie, ne lui permettaient pas de demeurer simple spectatrice du grand drame historique dans lequel l'indépendance des peuples de l'Europe est en jeu.

Sa vieille haine de la domination germanique, sous laquelle gémissent encore les populations italiennes de Trente et de Trieste, le désir de libérer ces populations de ce joug maudit, la nécessité d'avoir, sur terre et sur mer, des frontières naturelles, l'ambition de transformer l'Adriatique en mer italienne, l'espoir d'achever son unité et sa renaissance de grande puissance, enfin son amour de la liberté, ses traditions historiques, son idéal de civilisation la poussaient également à prendre une part directe à l'action.

Primitivement, il est vrai, ces dispositions n'existaient que dans une élite à la tête de laquelle se trouvaient les héroïques petits-fils du héros de l'indépendance italienne, Garibaldi, et le poète Gabriel d'Annunzio qui, semblable aux grands tragiques grecs, a incarné l'âme nationale et s'est fait l'éducateur civique de ses compatriotes.

Il est vrai, d'autre part, que cette élite s'est heurtée, pendant quelque temps, à la résistance des intérêts matériels de l'agriculture, de l'industrie, du commerce, de la finance, à l'opposition ecclésiastique, à celle de quelques doctrinaires socialistes, et, par surcroît, aux louches intrigues des innombrables émissaires allemands dont M. de Bulow était le chef.

Mais, par son opiniâtreté, sa raison et sa foi, cette élite finit par convertir la majorité de l'opinion publique à son idéal ; elle suscita un irrésistible enthousiasme populaire qui fit explosion en mai 1915, dans les grandioses manifestations de Gênes et de Rome, et définitivement triompha des dernières hésitations de ceux qui avaient la lourde responsabilité de la décision à prendre.

Au surplus, l'Italie a la bonne fortune d'être représentée par un roi d'une grande intelligence politique, véritable roi national, en pleine communion d'idées et de sentiments avec son peuple, comme les rois de Belgique, de Serbie et de Montenegro, et doué d'un courage tel qu'il est regardé comme le premier soldat de son royaume.

Toutefois, ce qui, plus peut-être que son patriotisme généreux et son idéal, honore l'Italie dans cette phase décisive de son évolution, c'est qu'elle n'est pas entrée dans l'arène pour ramasser les lauriers conquis par les autres et pour s'enrichir des dépouilles d'un adversaire épuisé.

Quand elle a saisi le glaive, la guerre durait depuis neuf mois déjà ; elle n'ignorait aucune des difficultés et des horreurs qu'elle comporte, aucun des sacrifices ruineux qu'elle exige, et la fortune contraire obligeait les Russes à une retraite douloureuse. C'est donc en champion chevaleresque, secourable et valeureux, que l'Italie est venue prendre sa place dans la terrible bataille engagée entre la civilisation progressive et la rétrogradation barbare.

C'est pourquoi ni les difficultés exceptionnelles d'opérations exécutées dans des régions montagneuses, quelquefois à 3.000 mètres d'altitude, ni des revers, partiels et momentanés, n'ont ébranlé la volonté de vaincre des Italiens.

Les revers ont, au contraire, doté le sentiment national d'une amplitude et d'une vigueur nouvelles ; la crise ministérielle qui les a suivis a provoqué la formation d'un gouvernement composé de représentants de tous les groupes politiques, à l'exception de quelques socialistes marxistes, inintelligents et fanatisés, et la poursuite du but initial a été reprise avec une énergie telle que l'ennemi a été expulsé des portions du sol de la patrie sur lesquelles il avait, un instant, posé le pied.

C'est que, comme le remarquait M. Tittoni, ambassadeur d'Italie en France, dans la belle page d'histoire qu'il a dernièrement tracée, à la Sorbonne, devant la réunion consacrée à la glorification de l'effort italien, le peuple et le gouvernement qui le représente sont désormais, eux aussi, dominés par les événements.

« Les hommes qui sont responsables de cette guerre, disait en terminant l'illustre et éminent diplomate, effrayés des résultats épouvantables de leur œuvre, voudraient bien, s'ils le pouvaient, ne l'avoir pas déchaînée, comme ils voudraient bien, s'ils le pouvaient, l'arrêter maintenant. Mais ils ne le peuvent pas, mais personne ne le peut, mais nous-mêmes, si nous le voulions, nous ne le pourrions pas, car il y a quelque chose qui est au-dessus de la volonté des hommes, c'est la logique fatale et impitoyable des événements.

« Les hommes peuvent les déchaîner, mais une fois déchaînés ils ne peuvent plus les arrêter. On peut bien dire des hommes responsables de cette guerre ce qu'un philosophe de l'ancienne Rome disait de tous les conquérants qui, entraînés par l'amour insensé d'une fausse grandeur *(insanus amor magnitudini faisæ)* sont condamnés à ne pouvoir s'arrêter que quand ils tombent et s'affaissent, comme une masse lancée dans l'espace ne s'arrête que quand elle tombe et s'écrase sur la terre ! »

6° Le développement de la solidarité nationale en Allemagne

Négligeant l'analyse de l'union nationale en Turquie, en Bulgarie, en Autriche surtout où l'union nationale ne subsiste qu'à l'aide de grossiers artifices, notamment d'un terrorisme inflexible, je me bornerai maintenant, dans cette revue psycho-sociologique des belligérants, à considérer l'Allemagne où un sentiment patriotique très énergique, mais très spécifique, s'est révélé depuis la guerre.

D'abord, l'union s'est spontanément faite entre tous les partis, épris, au fond, du même idéal pangermanique.

Les socialistes, aussi bien que les libéraux, les radicaux et les intellectuels domestiqués, se sont solidarisés avec le militarisme ; ils ont, sans réserves, épousé sa cause.

D'autre part, les soldats allemands — le fait est notoire — se battent avec vaillance, avec fanatisme même, à condition toutefois de se trouver en masse et d'être mûs automatiquement ; car ils sont généralement dépourvus de cette initiative individuelle qui caractérise le soldat français.

Je tiens de l'un des nôtres, qui conteste, il est vrai, la bravoure naturelle des Allemands, cette observation sarcastique qui n'est peut être pas sans validité : « Les soldats allemands se battent bien quand ils sont dix contre un ; le soldat français, au contraire, n'hésite pas à se battre un contre dix. »

Quant au peuple allemand, il a longtemps supporté, d'une manière stoïque, toutes les mesures préventives que le gouvernement a prises pour éviter le gaspillage des ressources nécessaires à la guerre et prolonger la résistance jusqu'à leur épuisement, telles que la réquisition des matières utiles à la fabrication des munitions et à l'alimentation et le rationnement des vivres.

Dès l'hiver de 1914-1915, l'Allemagne a commencé à vivre dans les conditions d'une ville assiégée ; pourtant, l'écho des plaintes de la multitude contre ce régime, ne se répand au dehors que depuis quelques mois seulement.

Il convient, d'ailleurs, de ne pas se méprendre sur la signification de ces protestations ; elles ne concernent, en effet, ni le kaiser, ni sa politique, ni le militarisme, ni la guerre. Ce sont des révoltes de faméliques qu'une provende suffisante apaiserait immédiatement.

Le patriotisme du peuple allemand n'est donc pas niable ; mais ce patriotisme a une source impure bien différente de la source à laquelle puisent l'esprit de sacrifice des nations avec lesquelles il est en guerre et celui du commun des peuples, d'ailleurs.

C'est un patriotisme agressif, hyperthrophié, pathologique, issu d'une mégalomanie collective, entretenu par une sorte d'hypnotisme. (1)

De plus, il est absolu ; il n'admet pas l'existence d'un autre patriotisme. Le peuple allemand se considère comme le peuple élu, le roi des peuples de la terre ; tous les autres doivent disparaître devant lui.

Les preuves de ce singulier délire d'orgueil abondent.

Guillaume II n'a t-il pas dit :

« — Pour moi, l'humanité finit aux Vosges. »

Et dans un autre discours :

« — Puisse, par l'action commune des princes et des peuples, de leurs armées et de leurs citoyens, notre patrie allemande devenir aussi puissante, aussi fortement unie, aussi extraordinaire que l'empire romain universel, afin qu'on dise dans l'avenir : « Je suis citoyen allemand », comme on disait autrefois : « *Civis Romanus sum.* »

Le peuple allemand est « un peuple de seigneurs » ; « son intérêt c'est l'intérêt de l'humanité elle-même. Comme il est le peuple suprême, son devoir est désormais de conduire la marche de l'humanité. C'est un péché contre sa mission de ménager les peuples qui lui sont inférieurs. » (2)

Il résulte de cette mentalité qu'en matière de patriotisme, l'Allemand est dépourvu de toute notion altruiste, de tout scrupule social. Les perfidies les plus cyniques, les mesures les plus arbitraires, les crimes les plus monstrueux lui semblent plausibles quand le patriotisme allemand les inspire.

« L'homme d'Etat n'a pas le droit de se chauffer confortablement les mains aux ruines fumantes de sa

(1) V. *Le Temps* du 15 mars 1916 : *Hypnose.*
(2) *Gazette de Voss*, 28 août 1915.

3

patrie, tout content dè pouvoir se dire : je n'ai jamais menti. C'est là une vertu de moine. » (1)

En conséquence, la politique internationale de l'Allemand est un système d'embuches ; sa conception et sa conduite de la guerre n'ont rien de commun avec ce que tout le reste de l'Humanité a résolu d'admettre.

Le patriotisme allemand est un patriotisme sanguinaire, symbolisé par la garnison de Metz qui, à la nouvelle de la déclaration de guerre, se mit, dit-on, à aiguiser ostensiblement ses sabres dans les rues en s'excitant au carnage par des chants féroces et des aboiements sauvages analogues à ceux d'une meute de dogues affamés qui se rue à la curée chaude.

Car ce ne sont pas seulement les soldats qui manifestent leur patriotisme sous cette forme bestiale. Le clergé allemand a le même état d'âme.

Par exemple, un de ses dignitaires, le pasteur Fritz Phidippi, prêchait, l'année dernière à Berlin, que la mission de l'Allemagne est de « crucifier l'Humanité », et que le devoir des guerriers allemands est « de tuer, brûler, détruire. Des demi-mesures de leur part seraient impies. »

Le luthérien Lœbel, autre apôtre du Iaweh national allemand, résurrection de celui que les Juifs adoraient avant l'avènement des prophètes, disait aux dévots de Leipzig :

« L'Allemagne défend la chrétienté ; ses ennemis sont ceux de la vraie religion. C'est cette conscience de notre mission qui nous permet de nous réjouir et d'être heureux, d'un cœur plein de reconnaissance, quand nos engins de guerre abattent les fils de Satan et quand nos merveilleux sous-marins, instruments de

(1, Treistekke : in DURKEIM : *L'Allemagne au-dessus de tout*, p. 26.

la vengeance divine, envoient au fond des mers des milliers de non-élus. Nous devons combattre les méchants par tous les moyens possibles, leurs souffrances doivent nous être agréables, leurs cris de douleur ne doivent pas émouvoir les sourdes oreilles allemandes. »

Enfin, un disciple d'Escobar, le professeur Rheinold Seeberg, titulaire d'une chaire de théologie à l'Université de Berlin, tenait, en décembre dernier, dans la cathédrale de cette ville, le langage charitable dont voici l'échantillon :

« Nous ne haïssons pas nos ennemis. Nous suivons le commandement de Dieu, qui nous enjoint de les aimer. Mais nous considérons que nous faisons une œuvre d'amour en les tuant, en les faisant souffrir, en brûlant leurs maisons, en envahissant leurs territoires... L'Allemagne aime les autres nations, mais elle les châtie pour leur bien. »

Toutes ces apologies de la scélératesse par les hommes d'Eglise, expression mystique des sentiments populaires, même féminins, n'expliquent pas seulement les innombrables méfaits de l'armée allemande, les torpillages sans avertissement des paquebots de passagers, les incendies mystérieux, les explosions incompréhensibles et les tentatives d'assassinat singulières, imputés aux Allemands en Amérique et ailleurs ; elles expliquent, en outre, pourquoi la guerre est l'industrie nationale de l'Allemagne, pourquoi toutes les pensées de ses théoriciens convergent vers sa justification et celles de ses dirigeants vers sa préparation, au point que, dans le cours de la guerre actuelle, ceux ci s'inquiètent déjà de perfectionner leurs armes pour la guerre future.

Pour l'Allemagne, en effet, la guerre est morale et sainte.

« Elle est sainte, d'abord parce qu'elle est la condition

nécessaire à l'existence des Etats et que, sans Etat, l'humanité ne peut pas vivre. « En dehors de l'Etat, l'humanité ne peut pas respirer. » Mais elle est sainte aussi parce qu'elle est la source des plus hautes vertus morales. C'est elle qui oblige les hommes à maîtriser leur égoïsme naturel ; c'est elle qui les élève jusqu'à la majesté du sacrifice suprême, du sacrifice de soi. Par elle, les volontés particulières, au lieu de s'éparpiller à la poursuite de fins mesquines, se concentrent en vue de grandes choses « et la petite personnalité de l'individu s'efface et disparaît devant les vastes perspectives qu'embrasse la pensée de l'Etat. » Par elle, « l'homme goûte la joie de communier avec tous ses compatriotes, savants ou simples d'esprit, dans un seul et même sentiment, et quiconque a goûté ce bonheur n'oublie plus jamais ce qu'il a de doux et de réconfortant. » En un mot, la guerre implique un « idéalisme politique » qui entraîne l'homme à se dépasser soi-même. La paix, au contraire, c'est « le règne du matérialisme » ; c'est le triomphe de l'intérêt personnel sur l'esprit de dévouement et de sacrifice, de la vie médiocre et vulgaire sur la vie noble. C'est le renoncement « paresseux » aux grands desseins et aux grandes ambitions. L'idéal de la paix perpétuelle n'est pas seulement irréalisable; « c'est un scandale moral, une véritable malédiction. » . . . . « Le Dieu vivant veillera à ce que la guerre revienne un jour comme le terrible remède dont a besoin l'humanité. » (1)

En vertu de ces théories, l'Allemagne est inapte à respecter les intérêts des autres peuples ; elle a régénéré et systématisé le brigandage ; elle lui donne une ampleur colossale en mettant la science à son service,

____

(1) In Durkheim, d'après Treitschke, dans *L'Allemagne au-dessus de tout*, Colin éditeur, p. 12.

et en faisant la guerre uniquement pour s'emparer de tout ce qui lui convient, et pour assouvir sa gloutonnerie économique et politique.

Les événements de Sarajevo ont servi de prétexte au déchaînement de ses appétits parce qu'elle a cru l'heure opportune et la situation européenne favorable ; mais, à défaut de ces événements, les dirigeants allemands auraient, tôt ou tard, trouvé d'aussi bonnes raisons pour lâcher leurs meutes de proie sur le monde inoffensif.

Avec un pareil peuple, infecté d'un pareil sentiment national, au cœur de l'Europe, la conflagration était inévitable, le maintien de la paix impossible.

On peut même prévoir que cette impossibilité durera tant que la mentalité pervertie et l'immoralité politique qui florissent en Allemagne n'auront pas disparu et tant que les dangers qu'elles font courir à ce pays même n'auront pas été reconnus par lui.

Les principes qui le dirigent mettent en péril l'existence de toutes les nations et cette guerre longue, étendue, désastreuse, impitoyable, conduite, de part et d'autre, comme une guerre expiatoire, aurait vainement ensanglanté l'Europe si elle n'aboutissait pas à la déchéance du militarisme allemand et à la reconnaissance par le peuple allemand lui-même du fait que la morale internationale qu'il méprisait constitue une force aussi et une force plus redoutable que toutes celles auxquelles, aveuglément, il a, jusqu'ici, donné sa foi.

7° L'égoïsme sacré des neutres

Parmi les nations qui ne sont pas directement impliquées dans la guerre, le patriotisme aussi a manifesté plus d'activité, depuis l'explosion de celle-ci : car, en raison de la solidarité générale qui place maintenant toutes les sociétés humaines dans la dépendance les unes des autres, aucune n'a pu se soustraire aux répercussions de cette immense conflagration. Mais ces répercussions ont été cause de désunion nationale autant que d'union, parce que, laissés libres de suivre leurs penchants et de disserter sur le pour et le contre, les esprits s'y sont divisés sur la conception et la pratique du devoir que les circonstances imposaient.

Semblables aux animaux qui se blotissent dans leur tanière pendant l'orage, les uns se sont réjouis de pouvoir demeurer à l'abri derrière une impartialité d'apparat à laquelle ils ont donné le nom « d'égoïsme sacré », et ils se sont efforcés de tenir leur patrie à l'écart des risques de la mêlée.

Les autres, indignés de la violation de la neutralité belge et de toutes les conventions internationales concernant la guerre, en même temps que de l'affirmation cynique que les traités sont « des chiffons de papier » et que « nécessité n'a pas de loi », ont, avec clairvoyance, considéré ces répudiations éhontées du droit international comme menaçantes pour toutes les nations ; ils ont courageusement excité la leur à protester contre elles, sinon isolément, du moins en se concertant avec toutes celles qui n'avaient pas l'épée à la main pour soutenir la même thèse.

Quelques uns, enfin, ne se sont pas fait scrupule de pactiser avec les ennemis du genre humain, par instinct de race, comme les « activistes » Suédois et les Allémanistes Suisses, ou par intérêt mercantile et appât du lucre ; en recourant à toutes espèces de ruses et de mensonges, ces derniers se sont faits les pourvoyeurs bénévoles des empires germaniques, au risque même d'appauvrir leur propre pays et de provoquer des réactions économiques douloureuses pour

leurs compatriotes. Un moment, les manœuvres de
ces contrebandiers de guerre ont pris un telle ampleur
qu'on a pu croire que le blocus de l'Allemagne était
inefficace ; grâce à eux, en tout cas, la plénitude de
ses effets n'a jamais été atteinte.

Cet ensemble de conditions a déterminé, chez beaucoup de neutres, une situation politique troublée,
qu'en plusieurs endroits l'attitude équivoque des
gouvernements a encore aggravée.

Le gouvernement hollandais, par exemple, qui,
cependant a mobilisé son armée, en même temps
que les belligérants, et manifesté sa ferme intention
de s'opposer par les armes à toute violation de territoire, a parfois pris des mesures que le souci d'une
inattaquable neutralité ne suffit pas à justifier.

Ainsi, M. Schrœder, rédacteur en chef du *Telegraaf*
d'Amsterdam, a été emprisonné pour avoir écrit
que le gouvernement hollandais est représenté par
« un cabinet qui, sous le masque de la neutralité,
permet de pourvoir l'Allemagne des vivres les plus
nécessaires, la met à même de poursuivre la guerre,
et trahit, avec sa propre patrie, la cause de l'humanité. »

On a, d'autre part, accusé ce publiciste d'avoir mis
la neutralité hollandaise en péril, parce qu'il avait
imprimé « qu'il y a, en Europe centrale, un grand
nombre de canailles à qui remonte la responsabilité
de la guerre. »

En Suisse, le gouvernement a interdit des confé-
rences relatives au sac, à l'incendie et aux massacres
de Louvain. Il a cru devoir poursuivre le rédacteur
en chef de la *Bibliothèque universelle*, pour avoir publié
un article de M. Stapfer, doyen de la faculté de Bor-
deaux, où le kaiser était qualifié de « bandit cou-
ronné » et dont l'auteur concluait : Il n'y aurait qu'un

moyen, un seul de satisfaire la justice sans laver la terre dans des torrents de sang : ce serait que le principal coupable payât pour tous les autres. » Par contre, il n'a que tardivement et de mauvaise grâce réprimé l'espionnage que les chefs de son état-major pratiquaient au profit de l'Allemagne.

Mais c'est dans les Etats Balkaniques surtout que, sous le masque de la neutralité, l'égoïsme sacré s'est développé sous le plus vilain aspect.

Sans parler de la Bulgarie, traîtresse invétérée qui a trahi ses amis d'hier en attendant qu'elle trahisse ceux d'aujourd'hui, cet égoïsme sacré a manifestement inspiré toutes les tergiversations inquiètes de la Roumanie qui ne s'est pas encore prononcée et qui, probablement, suivant la déclaration peu magnanime de M. Bratiano, président de son conseil des ministres, le 20 novembre 1915, « n'entrera en action que lorsqu'elle aura l'assurance d'avoir le plus de chances possible de son côté. »

Toutefois, aucun pays neutre n'a donné un spectacle de pusillanimité aussi affligeant que la Grèce.

Là, le roi, subjugué par l'Allemagne, a renié ses engagements envers la Serbie, violé la constitution, trahi les intérêts de son peuple et poussé la complaisance jusqu'à replier ses troupes devant l'envahisseur, afin de ne pas s'exposer à prendre part au conflit auquel son territoire était menacé de servir de théâtre et de gage.

Seul, un monarque d'importation, étranger aux sentiments et aux aspirations du peuple sur lequel il règne, sans s'assimiler à lui, peut, à ce point, déshonorer une nation.

Constatons cependant, avec tristesse, que le roi Constantin a trouvé un point d'appui dans un certain nombre de Grecs abusés qui lui ont prêté trop volontiers une coupable assistance.

En réalité, parmi les gouvernements des petites nationalités de l'Europe, un seul, le gouvernement portugais, a pris une attitude nette ; il a compris qu'en face d'un crime commis contre l'Humanité tout entière, la neutralité n'est que l'hypocrisie de la lâcheté et il a pratiqué la sienne de telle sorte que l'Allemagne lui a déclaré la guerre.

« Le premier mot que les Portugais prononcèrent lorsque le tonnerre des premiers coups de canon se fit entendre au Portugal, déclarait récemment M. Chagas, ministre du Portugal à Paris, fut celui-ci : Pas de neutralité !

« Depuis lors, jusqu'au moment de la déclaration de guerre de l'Allemagne, le Portugal n'a cessé, sous les formes les plus éloquentes, d'affirmer son entière solidarité avec la cause des Alliés.

« Aussi, le gouvernement allemand a-t-il signalé un fait parfaitement exact, lorsqu'il écrivit, dans sa note agressive au gouvernement portugais, que le Portugal avait manqué à tous les devoirs de la neutralité. Jamais, en effet, un Etat n'a tenu, moins que le Portugal, à paraître neutre. Il ne le fut jamais. Il ne pouvait pas l'être. L'opinion nationale s'y opposait formellement. Dans l'effort portugais c'est ce côté moral qui me semble le plus intéressant à retenir.

« L'Allemagne a voulu faire de cette guerre une guerre de race. Son pouvoir absolu, dont elle joue le sort sur tous les champs de bataille de l'Europe, lui impose le caractère d'une guerre de principes. En effet, une Europe féodale se bat, en ce moment, contre une Europe libérale. Dans sa folie de domination, l'orgueil allemand n'a point d'ailleurs dissimulé ses intentions. La guerre qu'il a déchaînée visait à l'écra-

sement, social et politique, de la France. Or, l'écrasement de la France serait la fin du monde latin. C'est
vers ce couchant sanglant que marchaient les hordes
allemandes, à travers les plaines de Champagne, dans
les premiers jours de septembre 1914.

« Le Portugal a saisi d'instinct la portée morale et
politique de cette guerre. Il a vu son existence en
danger. Il a vu en danger les idées qui lui sont chères,
et tout de suite il a mis son sort dans la balance
commune. »

Le Portugal, malheureusement, n'a pas encore
trouvé d'imitateurs.

Cette honorable exception s'explique non seulement
par les affinités historiques des Portugais, par leur
caractère chevaleresque, par les rapports d'alliance
et d'amitié qui les lient à l'Angleterre et par l'éloigne-
ment du Portugal des atteintes de l'ennemi, mais
encore par le fait que le Portugal possède un gouvernement républicain, qu'il n'est plus prisonnier
de cette société internationale des rois dont une diplomatie ténébreuse maintient l'unité, et qu'il a conquis
la libre expression de ses sentiments.

Néanmoins, — il faut bien se garder de l'oublier —
à défaut des gouvernements, des voix autorisées se
sont partout individuellement élevées en faveur des
alliés et de l'idéal de civilisation qu'ils défendent ; elles
ont énergiquement flétri les conceptions et les actes
de la barbarie germanique et, à leur instigation, des
multitudes de nobles cœurs nous ont apporté, sous des
formes nombreuses, y compris celle des enrôlements
volontaires sous nos drapeaux, le concours du dévouement le plus généreux et de la sympathie la plus sincère, comme le montrera l'analyse du développement
de la solidarité internationale dans le cours de la guerre
actuelle à laquelle je vais maintenant procéder.

Je terminerai donc ce premier chapitre en concluant qu'il s'en dégage :

1° Que l'entreprise scélérate des empires germaniques a soulevé, chez tous les peuples qu'elle menace immédiatement, une indignation persistante et un patriotisme intrépide, sous l'impulsion desquels la guerre a partout revêtu le caractère d'une guerre nationale ;

2° Qu'un mouvement d'opinion, progressivement croissant, s'est produit chez les neutres, en faveur d'une conception du devoir international distincte de l'égoïsme sacré que la plupart des gouvernements ont fait prévaloir ;

3° Enfin que la solidarité nationale s'est, universellement, plus ou moins fortifiée.

II

Développement de la solidarité internationale

1° La Solidarité des Alliés

Le prodigieux élan de patriotisme sublime que la guerre a suscité chez les Alliés, n'a pas entravé le développement de la solidarité internationale, caractéristique dominante et indélébile de la civilisation contemporaine. Au contraire, cette solidarité a pris un nouvel et fécond essor qui l'a rendue plus manifeste qu'auparavant.

D'abord, en effet, contrastant avec le nationalisme aveugle des Allemands et l'égoïsme sacré des neutres, le patriotisme des Alliés s'est montré respectueux des autres patriotismes et d'un idéal universel de civilisation.

Car, tout en défendant énergiquement leurs intérêts propres, les adversaires de l'Allemagne ne cessent pas de prendre pour guides des principes généraux et supérieurs qu'aucune nation ne peut sacrifier et pour la suprématie desquels, sans doute, toutes les sociétés se coaliseront, quand elles seront dégagées de l'état d'incohérence et d'anarchie, dans lequel elles croupissent.

La conduite des Alliés prouve qu'il n'est pas moins absurde de contester la possibilité de concilier l'amour de la Patrie et l'amour de l'Humanité qu'il le serait de prétendre que l'amour de la Famille et de la Patrie s'excluent.

Dès le début, quoique diversement menacés, les gouvernements d'Angleterre, de France et de Russie se sont convaincus qu'ils devaient poursuivre avant tout un même but : la défaite concertée de leur assaillant commun et la destruction, dans son germe, du système aberrant de civilisation qu'il voudrait substituer aux mœurs régnantes.

Ils ont, en septembre 1914, conclu le pacte de Londres auquel le Japon, puis l'Italie ont ultérieurement souscrit.

Le texte officiel actuel de ce traité mémorable est ainsi libellé :

« Les gouvernements britannique, français, italien, japonais et russe s'engagent mutuellement à ne pas conclure de paix séparée au cours de la présente guerre ; les cinq gouvernements sont d'accord pour dire que, lorsque les conditions de paix viendront en discussion, aucun des alliés ne demandera des conditions de paix, sans l'agrément préalable des autres alliés.

« En foi de quoi les soussignés ont signé la présente déclaration, à laquelle ils ont apposé leur sceau.

« Fait à Londres, en cinq originaux, le 30 novembre 1915.

« E. GREY, Paul CAMBON,
« IMPÉRIALLI, INOVYE, BENCKENDORFF. »

La paix, que ce pacte présume, doit avoir pour résultats essentiels, nul ne l'ignore : la restauration nationale de la Belgique et de la Serbie ; la restitution de l'Alsace-Lorraine à la France, de Trieste et du Trentin à l'Italie ; la garantie de la liberté pour toutes les nations et l'anéantissement de l'hégémonie militaire de l'Allemagne.

L'héroïsme belge, pur de tout intérêt matériel, a, le premier, revêtu cette guerre d'un caractère noble et chevaleresque qui autorise les philosophes à la considérer comme une dramatique entreprise de subordination de la politique à la morale.

C'est pourquoi, dans le but de ne pas dénaturer son état de nation neutre outrageusement violée, entraînée, malgré sa volonté, dans le conflit et n'ayant pris les armes que pour défendre son indépendance, garantie par l'Allemagne elle même, contre une agression criminelle, la Belgique n'a pas signé le pacte de Londres ; mais cette abstention n'implique nullement que les Alliés consentiront à poursuivre sans elle les négociations de paix qu'ils engageront quand ils auront désarmé ses bourreaux.

Les ministres d'Angleterre, de France et de Russie,

accrédités auprès du roi des Belges, ont formellement déclaré le contraire, lorsque, le 14 février dernier, ils sont venus dire à son ministre des affaires étrangères, au Havre :

« Les puissances alliées, signataires des traités qui garantissent l'indépendance et la neutralité de la Belgique, ont décidé de renouveler aujourd'hui, par un acte solennel, les engagements qu'elles ont pris envers votre pays héroïquement fidèle à ses obligations internationales.

« En conséquence, nous, ministres de la France, de la Grande-Bretagne et de la Russie, dûment autorisés par nos gouvernements, avons l'honneur de faire la déclaration suivante :

« Les puissances alliées et garantes déclarent que, le moment venu, le gouvernement belge sera appelé à participer aux négociations de paix et qu'elles ne mettront pas fin aux hostilités sans que la Belgique soit rétablie dans son indépendance politique et économique et largement indemnisée des dommages qu'elle a subis. Elles prêteront leur aide à la Belgique pour assurer son relèvement commercial et financier. »

Le ministre d'Italie s'est associé à cette démarche en disant que l'Italie, n'étant pas au nombre des puissances garantes de l'indépendance et de la neutralité de la Belgique, n'avait aucune objection à ce que la déclaration susdite fût faite par les Alliés.

Le gouvernement japonais a fait la même communication.

Quoique moins solennellement formulée, la résolution des Alliés de restaurer la Serbie, de faire restituer l'Alsace-Lorraine à la France, Trieste et le Trentin à l'Italie, de libérer les nationalités qui gémissent sous le joug germanique, et de rendre à tous les droits internationaux leur vigueur, est aussi formelle.

Bref, les Alliés ont, d'un accord unanime, assigné pour buts à la guerre gigantesque que la mégalomanie germanique a déchaînée, la sauvegarde de l'indépendance de l'Europe et celle des règles élémentaires, morales et juridiques, que toutes les nations ont adoptées pour les rapports internationaux, en guerre comme en paix, règles dont l'Allemagne seule, entraînée par son mouvement vertigineux de régression jusqu'à la sauvagerie la plus primitive, prétend s'arroger le privilège de faire litière à son gré.

Le glaive de la justice internationale est entre leurs mains ; ils ne le déposeront que lorsque ceux qui méprisent cette justice auront été châtiés par elle de telle sorte que le genre humain soit garanti contre leurs maléfices et contre leur pernicieux exemple.

Grâce à cette destination magistrale qui caractérise la guerre à leurs yeux, les ennemis de l'Allemagne ont déjoué toutes les tentatives de séparation ; les manœuvres insidieuses les mieux ourdies, entreprises dans cet espoir, sont restées sans effet.

Leur solidarité s'est, au contraire, développée en se prolongeant, et, après avoir mis librement en communauté toutes leurs ressources et jusqu'à leurs territoires, ils se sont entièrement liés les uns aux autres à la conférence diplomatique et militaire, tenue à Paris, au mois de mars dernier. A l'unanimité, cette conférence a voté les résolutions suivantes :

1° Les représentants des gouvernements alliés, réunis à Paris, les 27 et 28 mars 1916, affirment l'entière communauté de vue et la solidarité des alliés.

Ils confirment toutes les mesures prises pour réaliser l'unité d'action, sur l'unité du front. Ils entendent par là, à la fois, l'unité d'action militaire assurée par l'entente conclue entre les états-majors, l'unité d'action économique dont la présente conférence a réglé l'organisation et l'unité d'action diplomatique que garantit l'inébranlable volonté de poursuivre la lutte jusqu'à la victoire de la cause commune.

2° Les gouvernements alliés décident de mettre en pratique, dans le domaine économique, leur solidarité de vue et d'intérêt. Ils chargeront la conférence économique, qui se tiendra prochainement à Paris, de leur proposer les mesures propres à réaliser cette situation.

3° En vue de renforcer, de coordonner, et d'unifier l'action économique à exercer, pour empêcher le ravitaillement de l'ennemi, la conférence décide de constituer à Paris un comité permanent dans lequel tous les alliés seront représentés.

4° La conférence décide :

a) De poursuivre l'organisation, entreprise à Londres, d'un bureau central international d'affrètements ;

b) De procéder en commun, dans le plus bref délai, à la recherche des moyens pratiques à employer pour répartir équitablement entre les nations alliées les charges résultant des transports maritimes et pour enrayer la hausse du fret. »

« Tous pour un, un pour tous », telle est maintenant la devise des Alliés, selon la remarque du ministre italien Orlando.

En vertu de cette devise, les initiatives militaires des Alliés, plus ou moins abandonnées à la libre inspiration de chacun, ont d'abord eu pour mobile le désir de soulager un co partisan lointain, trop fortement engagé, autant que le besoin d'améliorer une situation nationale particulière.

La bataille de Charleroi a été livrée pour secourir l'armée belge et la Belgique. « Aux mois d'Août et de Septembre 1914, les armées russes, certaines d'être écrasées, foncèrent dans la Prusse orientale pour contraindre l'état-major allemand à distraire de France des troupes qui, si elles eussent continué à se battre contre nous, auraient permis à von Kluck de prendre Paris ». (1) L'expédition franco-anglaise des Dardanelles avait pour objectif de débloquer la mer Noire au profit des Russes. Les offensives d'Artois, d'Italie et de Champagne tendaient à la fois à percer le front occidental et à paralyser l'effort menaçant de l'ennemi sur le front oriental. L'expédition de Salonique a eu pour cause première l'assistance réclamée par l'armée serbe. Enfin l'opiniâtre résistance que l'armée française a partout opposée à l'agression allemande, surtout à Verdun, a permis à la Russie et à l'Angleterre d'achever d'organiser ou de réorganiser leurs forces.

La guerre s'est successivement étendue au Caucase, à la Mésopotamie, à l'Orient, à l'Egypte, à l'Italie, aux Balkans, sans changer de caractère. Partout les Alliés l'ont solidairement soutenue ; à vrai dire, ils constituent une seule armée sur des fronts divers et non seulement leurs armées se secondent mutuellement, mais elles se confondent, au besoin, comme sur le front français, ainsi que la population parisienne en a eu la claire et poignante impression, le 14 juillet dernier, en assistant à la première fête de la fédération des peuples et en voyant défiler, animés du même souffle, des détachements de l'armée belge, de l'armée anglaise, de l'armée russe et de l'armée française parmi lesquels figuraient des contingents de toutes nos colonies.

En effet, l'étroite solidarité des métropoles alliées et de leurs colonies est une autre caractéristique éminente

(1) Déclaration de M. Marcel Sembat, ministre des Travaux publics, à la réunion du Conseil national du parti socialiste français, le 7 août 1916.

4

de cette guerre ; elle fournit une preuve bien remarquable de la tendance des peuples, dont les sentiments naturels ne sont pas pervertis par une éducation nationale vénéneuse, à coopérer à une même œuvre civilisatrice, et de l'universelle antipathie que l'ambition intolérable de l'Allemagne soulève.

Dès la déclaration de la guerre, l'empire britannique s'est révélé comme « une association de nations libres » et le sentiment collectif, le loyalisme sans taches, le dévouement sans réserves des colonies anglaises a surpris l'Angleterre elle-même. (1)

Le premier ministre a glorifié cette affection des colonies pour la mère-patrie en termes enthousiastes.

« Nos colonies autonomes, dans toute l'étendue de l'Empire, sans la moindre sollicitation de notre part, a-t-il dit, ont montré, avec une spontanéité et une unanimité sans parallèle dans l'histoire, leur détermination de faire cause commune avec nous et d'affirmer leur fraternité. Au Canada, en Australie, dans la Nouvelle-Zélande, dans l'Afrique du Sud et à Terre-Neuve, les fils de l'Empire proclament, non comme une obligation, mais comme un privilège, leur droit et leur zèle à contribuer à la défense, en donnant de l'argent, du matériel et, ce qui vaut mieux que tout, la force virile, la fortune et la vie de l'élite de leurs citoyens. L'Inde, avec un empressement non moins grand, a fait valoir ses droits à participer à la tâche commune. Toutes les classes, et toutes les croyances, les Anglais et les indigènes, les princes et le peuple, les Hindous et les Mahométans ont rivalisé entre eux d'efforts dans une noble compétition. Deux divisions de notre magnifique armée des Indes sont déjà en route. Nous acceptons, avec affection et en l'appréciant à sa valeur, l'aide

____

(1) SEED : *L'effort anglais*, p. p 27-29.

qu'elles nous offrent, et dans un Empire qui ne connaît aucune distinction de race ou de classe, où tous également, en tant que sujets du Roi Empereur, sont les cotuteurs de nos intérêts communs et de notre fortune commune, nous saluons ici, avec une gratitude profondément sentie, leur présence aux côtés de nos troupes de la Métropole et des colonies, sous les plis d'un drapeau qui est aux yeux de tous, le symbole d'une unité que le monde en armes ne saurait briser ni dissoudre ». (1)

Les événements ont justifié cette sereine confiance et, au banquet qui lui fut offert à Londres, au mois de mars 1916, M. Hugues, le chef du gouvernement australien, a pu légitimement dire : « De même que l'Empire tout entier fut uni en esprit, en action, dans cette guerre, de même les moyens sont trouvés pour en unifier à jamais la structure en temps de paix. »

Ce bienfaisant avenir, que le présent inaugure, a été salué par cette déclaration de M. Asquith qui constitue l'engagement d'en poursuivre sans retard la réalisation :

« Les relations, non seulement entre la Grande-Bretagne et l'Irlande, mais entre le Royaume Uni et ses dominions, devront, de toute nécessité, être prochainement soumises à un examen précis et méthodique ». (2)

En attendant, les coloniaux anglais ont conquis et conquièrent encore, chaque jour, sur tous les fronts, des titres à la reconnaissance de leurs compatriotes et des Alliés ; et, dernièrement, M. Lloyd George, passant en revue de nouvelles troupes canadiennes.

(1) Discours au Guildhall, le 4 septembre 1914.
(2) Discours à Ladybank, en Ecosse, 14 juin 1916.

en qualité de ministre de la guerre, s'est écrié en toute justice :

« A la bataille d'Ypres, le Canada a sauvé Calais et, pendant longtemps, le Canada lira l'histoire de cette bataille avec un légitime orgueil. »

Quoique différent, parce que la nature des colonies n'est pas la même, le concours prêté par les colonies françaises à leur métropole, n'est pas moins admirable et précieux. Sans contrainte, avec un empressement facilité par l'acceptation d'engagements volontaires pour la durée de la guerre, par le versement aux engagés d'une prime supérieure aux anciennes, par l'allocation de subventions à leurs familles, par la reconnaissance du droit à pension des veuves des soldats morts au service de la France, celle-ci a recruté autant d'indigènes qu'elle a voulu au Soudan, au Sénégal, au Maroc, en Algérie, en Tunisie, en Annam et en Indo-Chine.

Les Marocains, en particulier, sur la rébellion desquels les Allemands comptaient le plus pour nous créer de sérieux embarras et nous condamner à distraire une armée importante, ont servi notre cause avec une indéfectible vaillance pour laquelle le général Lyautey a témoigné sa vive admiration dans ces termes émus :

« Dès le début de la guerre, Sa Majesté chérifienne, digne héritière de ses glorieux ancêtres, a compris que la cause religieuse dont elle est le chef incontestable, ne pouvait que se solidariser avec eux pour la cause du droit, de la justice et de la liberté, et a adressé aux troupes marocaines les nobles et fortes paroles qu'elles ont emportées dans leur cœur et qui les ont enflammées au jour du combat. C'est par le sang versé en commun qu'est désormais cimentée l'union étroite de la France et de l'empire chérifien, dont le protectorat sauvegardera l'indépendance et la prospérité ». (1)

Désireuses d'exprimer leur reconnaissance aux Musulmans, d'une manière collective et délicate, les Chambres ont voté un crédit de 500.000 francs, pour la création, à la Mecque et à Médine, de deux hôtelleries destinées aux pélerins indigents, originaires de possessions et protectorats français d'Afrique ; elles ont adopté un projet de résolution tendant à la désignation de conseillers légistes musulmans auprès de la commission interministérielle des affaires musulmanes ; elles ont approuvé l'érection d'une mosquée dans le jardin colonial de Nogent-sur-Marne, et fait aboutir un dessein de haute politique auquel les positivistes ont souscrit, il y a plus de vingt-cinq ans. De plus, des imans ont été attachés à cette mosquée et au gouvernement militaire de Paris.

Ainsi la guerre a rendu plus effective et plus cordiale la solidarité de la France et de ses colonies, et loin d'avoir été victime de la guerre sainte que le prince disqualifié des croyants a proclamée, à l'instigation de son cynique compère Hadji ben Guillioum, elle est aujourd'hui l'impassible spectatrice de son explosion contre ses hypocrites machinateurs.

Comme les armées de terre des Alliés, leurs marines ont agi solidairement, de concert souvent, dans leurs opérations militaires ou diplomatiques.

Mais, à cet égard, le rôle de la marine anglaise est incomparable.

Cette marine « est devenue une marine internationale ; elle accomplit une tâche internationale. » (2)

(1) Message de novembre 1914.
(2) Discours de M. Balfour, à la Chambre des Communes, 8 mars 1916.

Les océans sont soumis à son contrôle universel et, un écrivain anglais a pu dire, avec une légitime fierté : « nous tenons toutes les mers dans le creux de notre main ». (1).

En effet, la flotte anglaise a chassé, de la surface des mers, toutes les unités combattantes de l'Allemagne ; elle a réduit toute sa marine marchande à l'inaction ; elle a soumis cet empire à un blocus inexorable et tout en faisant la police navale avec une vigilance constante, elle a mis à profit la liberté de la navigation qu'elle a conquise, pour effectuer, sans encombres, dans son intérêt et dans celui de ses alliés, d'immenses et incessants transports de troupes, d'engins de guerre, de munitions, d'approvisionnements et de marchandises, provenant de la Grande-Bretagne, de ses colonies et de toutes les autres parties du monde.

Il n'est même pas exagéré de dire que les sous-marins allemands, dans les eaux circonscrites où ils ont opéré, n'ont pu rivaliser avec elle et que son active flotille de petits chalutiers armés, chasseurs de pirates, a fait échouer le terrorisme allemand dans la mer du Nord, le Pas-de-Calais et la Méditerranée, puisque le nombre des navires qui ont impunément circulé sur ces eaux, est hors de toute proportion avec l'infime quantité de ceux qui ont été torpillés.

M. Balfour a donc eu raison de dire, dans le discours ci-dessus rappelé : « le rôle que les Alliés attribuent à notre flotte augmente très naturellement notre anxiété vis à-vis de ce facteur important de la guerre. Le monde entier reconnaît maintenant que la raison d'être de notre flotte n'est pas justifiée simplement par la protection de nos côtes et de notre commerce. L'Alliance est

(1) KIPLING : *les franges de la flotte, in le Temps* du 14 février 1916.

entièrement basée, aujourd'hui, sur sa puissance d'efficacité ».

En réalité, l'Allemagne succombera sous les étreintes protéiformes de la marine anglaise. L'Humanité tout entière, et la France, en particulier, devront une reconnaissance éternelle à l'empire britannique qui les aura, de la sorte, affranchies d'une servitude menaçante.

Toutefois, émerveillés par la splendeur de la marine anglaise, les historiens de cette guerre ne devront pas négliger le rôle synergique, très efficace aussi quoique plus limité, joué par la flotte japonaise en Extrême-Orient, par la flotte russe dans la Baltique et dans la mer Noire, par la flotte française dans la Méditerranée et par la flotte italienne, dans l'Adriatique où, fraternisant avec les autres flottes alliées, cette dernière a très activement coopéré, malgré de grandes difficultés, à l'évacuation complète de l'héroïque armée serbe et des autorités serbes.

La guerre contemporaine se distingue des guerres d'autrefois par deux caractères. Elle n'est pas l'œuvre d'armées de métier ; c'est une guerre de nations, dressées tout entières les unes contre les autres. D'autre part, le machinisme tend, de plus en plus, comme dans l'industrie, à y suppléer et subalterniser la force humaine.

Il en résulte que, tandis que tous les habitants du pays, en état de participer au combat, font face à l'ennemi, avec une multitude d'engins formidables, l'activité des autres est presque entièrement consacrée à leur procurer les moyens d'accomplir leur tâche héroïque.

De la sorte, en deçà des lieux où la bataille sévit et ressemble plutôt à une série continue d'éruptions volcaniques qu'à des chocs de multitudes, un champ de bataille industriel, sur lequel règne la même activité fébrile, se développe.

Sur cet autre champ de bataille, les Alliés ne se sont pas montrés moins étroitement solidaires.

Ils ont mis en commun toutes leurs ressources ; ils se sont mutuellement entr'aidés, et, ici encore, l'Angleterre, plus favorisée par la nature, mieux outillée, moins éprouvée que la France et la Russie, a rendu d'exceptionnels services.

« Indépendamment des hommes qu'elle a donnés à la cause commune, elle a secondé les Alliés, non seulement avec de l'or, mais avec des munitions, avec du charbon, avec tous les articles dont ils manquent et qui sont essentiels à la poursuite de la guerre ». (1)

Le Japon, de son côté, s'est transformé en une vaste usine de guerre et il est devenu, pour la Russie surtout, un inépuisable réservoir de matériel, de munitions, d'objets d'équipement et d'approvisionnements.

Ce fabuleux effort industriel n'a pu s'accomplir, sans un effort financier correspondant, proportionné aux forces de chacun, mais dont les Alliés se sont partagé la charge générale avec le même dévouement qu'ils ont apporté dans le règlement de leurs devoirs diplomatiques et militaires.

Ils se sont aidés pécuniairement ; ils ont mutuellement garanti certains emprunts. La France et la Grande Bretagne ont évité la désorganisation du change russe, en assurant le paiement des achats et des commandes faites par la Russie, hors de chez elle, et en assumant le service des coupons de sa dette. L'Angleterre, dont la dette publique s'est graduellement

____

(1) Discours de M. Asquith, à la rentrée du Parlement anglais, le 15 février 1916.

élevée à la somme phénoménale de 87 milliards de francs, a prêté 20 milliards à ses colonies ou à ses alliés.

La solidarité économique et financière des Alliés leur a donné de telles satisfactions qu'ils ont résolu d'annexer un pacte commercial au pacte de Londres et que, comme conclusion d'une conférence tenue à Paris, en juin dernier, les représentants de leurs gouvernements ont proposé un certain nombre de mesures ayant pour objet non seulement « le temps de guerre », mais « la période de reconstitution commerciale, industrielle, agricole et maritime des pays alliés », et même un traité « permanent d'entr'aide et de collaboration entre les Alliés. »

Unis par tant de liens, collaborant sur tant de domaines, les Alliés n'ont pas seulement considéré la guerre que chacun d'eux fait à l'Allemagne comme l'aspect d'une guerre unique ; ils n'ont pas seulement fait converger leur action, de telle sorte qu'après avoir forcé les Allemands à transporter leurs réserves d'un front à l'autre, ils les obligent désormais à les immobiliser sur tout le pourtour de l'immense cercle de fer et de feu qui les étreint, en les attaquant simultanément, comme s'ils obéissaient à un seul commandement ; ils n'ont pas seulement donné à cette guerre, qu'ils n'ont pas provoquée, le caractère d'une croisade enthousiaste de la civilisation contre la barbarie.

Ils ont, en outre, réalisé leur union morale ; ils ont appris à se connaître, à s'estimer, à s'aimer ; ils ont ressenti, les uns pour les autres, une sympathie, une amitié, une fraternité qui n'ont cessé de croître et qui se sont, maintes fois, traduites par des actes d'une exquise délicatesse, tels que : la joie qu'inspire à tous le succès de l'un d'eux ; les grandes manifestations italiennes en l'honneur des représentants du gouvernement français et du gouvernement anglais ; les multiples œuvres anglaises fondées en France et ailleurs, au profit des misères créées par l'invasion, des exilés et des blessés ; la journée Belge et la journée Serbe en France ; la journée du Secours national français en Angleterre et l'enthousiasme populaire avec lequel les Anglais ont célébré, le 14 juillet 1916, la fête nationale de la France.

Bref, les Alliés ont confondu leurs âmes et, finalement, ils donnent l'émouvant et suggestif spectacle de neuf peuples, différents de langue et de croyance, étroitement unis, par le cœur autant que par la raison et par l'intérêt, dans la poursuite d'un même idéal purement terrestre et humain.

2° La solidarité de l'Allemagne et de ses complices

En face de l'union des Alliés, une autre liaison internationale s'est constituée pendant cette guerre ; cette liaison se compose des empires germaniques, auteurs responsables de ce que M. de Bethmann-Holweg a lui-même nommé « l'assassinat des peuples », du roi félon de Bulgarie et du pitoyable sultan que le remous des révolutions a porté sur le trône vermoulu de l'empire ottoman.

Mais cette liaison a beaucoup plus d'analogies avec une bande de malfaiteurs, organisée pour piller et dévaster l'Europe, qu'avec une ligue de gouvernements soucieux de diriger avec sagesse les destinées historiques des sociétés qu'ils représentent.

Le chef de cette bande, est, incontestablement, le

kaiser, histrion sinistre, sorte de Néron, qui, après avoir joué longtemps la comédie de la modération dans l'usage du pouvoir absolu avec un tel succès qu'on allait le proclamer lauréat du prix Nobel, comme bienfaiteur pacifique de notre époque, a cédé au désir de stupéfier ses contemporains par sa cruauté sans égale et son ambition sans exemple.

Car c'est lui — on ne saurait en douter — qui a déchaîné la guerre européenne en excitant l'Autriche-Hongrie contre la Serbie dont l'écrasement était nécessaire à la libre circulation de Hambourg à Bagdad, dont le rêve hantait son esprit comme celui des mégalomanes et des trafiquants pangermanistes ; et c'est en vue du même résultat politico-ferroviaire, avec l'appât d'inavouables promesses de butin, qu'il a entraîné la Bulgarie et la Turquie dans son aventure.

Sans doute, l'Allemagne a pourvu libéralement ses complices de troupes, de matériel et d'argent, pour la satisfaction de leurs propres appétits, sans laquelle son dessein était menacé d'avorter ; mais elle a rigoureusement subordonné leurs intérêts aux siens, de telle sorte que le bloc, que les Etats solidaires, mais libres et indépendants de l'Alliance, ont résolu de pulvériser, est bien plutôt une organisation féodale, composée de trois vassaux asservis à un seigneur suzerain tout puissant, qu'une alliance sincère.

Cependant si la nature de la solidarité politique de cet organisme est discutable, sa solidarité morale ne l'est à aucun titre. Nulle discrimination ne peut être faite entre les éléments monstrueux qui le composent.

Ils sont coutumiers des mêmes manœuvres diplomatiques, l'espionnage, la perfidie, la trahison, la menace sous condition, la corruption et la spéculation sur l'ignominie de la nature humaine ; de plus, ils déploient à l'envi, dans la conduite de la guerre, le terrorisme, la dévastation, la déportation, l'assassinat, la cruauté raffinée et une bestialité qui provoqueront l'éternelle indignation de l'histoire, d'autant plus que tous ces procédés ont été froidement étudiés et recommandés par des états-majors savants et casuistiques qui se sont charitablement proposé d'abréger la durée de la guerre, en portant toutes ses horreurs à leur paroxysme.

Enfin, la guerre n'est pour tous ces malfaiteurs de marque, qu'une vaste entreprise de rapine et de brigandage.

Maintes fois pressé de faire connaître le but final de la guerre que poursuit l'Allemagne, le chancelier de l'Empire s'est prudemment gardé de le définir avec précision ; il a toutefois donné, sur ce sujet, assez d'indications pour qu'on soit édifié sur les espérances pernicieuses que son maître et lui nourrissent.

Ainsi, après avoir impudemment représenté l'Allemagne comme une victime innocente des complots belliqueux de l'Angleterre, de la France et de la Russie, soudainement troublée dans ses occupations pacifiques habituelles par ces rivaux jaloux de sa grandeur et de sa prospérité, il a dévoilé les projets de l'Allemagne sur la Turquie en disant :

« L'établissement de relations directes avec la Turquie a une valeur inestimable au point de vue militaire, tandis qu'au point de vue économique, la possibilité d'importer des denrées des Etats balkaniques et de la Turquie augmente nos approvisionnements d'une façon réjouissante. Aussi l'avenir est-il plein de promesses. Grâce à la sage politique du roi Ferdinand, un pont solide est jeté entre les empires centraux, indissolublement alliés, les Balkans et l'Orient.

« Quand la paix sera rétablie, ce pont ne servira

plus aux bataillons en marche ; il servira aux œuvres
de la paix et de la civilisation. » (1)

Mais il conduira aussi vers l'Inde, c'est-à-dire, a im-
prudemment ajouté le chancelier, « vers le point le
plus sensible de l'empire britannique ».

Et un autre jour : (2)

« Nous voulons une Allemagne si forte et si solide-
ment protégée, que personne ne soit plus jamais tenté
de nous anéantir et que chacun soit obligé de reconnaître notre droit d'utiliser librement nos forces pacifiques.

    .   .   .   .

« Il est impossible que l'Allemagne consente à livrer
de nouveau à la Russie réactionnaire, les peuples ha-
bitant entre la mer Baltique et les marais de Volkynie,
qu'il s'agisse des Polonais, des Lithuaniens, des Baltes
ou des Lettons. Non, la Russie ne doit pas pouvoir,
encore une fois, faire avancer ses armées contre la
frontière sans protection de la Prusse orientale. Il ne
faut pas qu'elle puisse, avec de l'argent français, faire
du pays de la Vistule une porte pour s'introduire dans
l'Allemagne sans défense.

« On ne s'imaginera pas davantage qu'à l'ouest nous
abandonnerons, sans avoir des garanties sûres pour
notre avenir, les pays où a coulé le sang de notre
peuple. Nous voulons créer des garanties réelles afin
que la Belgique ne devienne pas un état vassal de
l'Angleterre et de la France et ne soit pas transformée
en un ouvrage avancé contre l'Allemagne, tant au
point de vue militaire qu'au point de vue économique.
L'Allemagne ne peut pas, par exemple, sacrifier à la

(1) Séance du Reichstag du 9 décembre 1915.
(2) Séance du Reichstag du 6 avril 1916.

latinité la race flamande si longtemps opprimée. Nous voulons assurer à cette race un développement normal correspondant à sa situation, à sa langue et à ses coutumes spéciales.

« Nous ne voulons plus avoir des voisins qui s'unissent contre nous pour nous abattre, mais des voisins avec lesquels nous travaillons et qui travailleront avec nous pour notre avantage réciproque. »

En un mot, l'Allemagne veut « des rectifications de frontières », et, avec une franchise candide ou cynique, les représentants autorisés de l'agriculture, de l'industrie, des artisans et du commerce allemands ont exposé au chancelier, dans un mémoire secret, que ces rectifications doivent avoir pour objet de procurer à l'Allemagne, à l'ouest, de nouvelles ressources industrielles puisées dans les charbonnages de Belgique et du nord de la France et dans les mines de fer de Briey, et à l'est, de nouvelles ressources agricoles fournies par les plaines fertiles de la Russie occidentale.

Les passages du mémoire secret relatif à ces expropriations de territoires méritent une particulière attention :

« Toujours en raison de notre situation vis-à-vis des Anglais, disent les auteurs du mémoire, enfants terribles du pangermanisme vorace, il est pour nous d'un intérêt vital, en vue de notre avenir sur mer, que nous possédions la région côtière voisine de la Belgique à peu près jusqu'à la Somme, ce qui nous donnera un débouché sur l'océan Atlantique. L' « hinterland », qu'il faut acquérir en même temps, doit avoir une étendue telle qu'économiquement et stratégiquement les ports où aboutissent les canaux puissent prendre leur pleine importance.

« Toute autre conquête territoriale en France, en

dehors de l'annexion nécessaire des bassins miniers de Briey, ne doit être faite qu'en vertu de considérations de stratégie militaire. A ce sujet, après les expériences de cette guerre, il est très naturel que nous n'exposions pas nos frontières à de nouvelles invasions ennemies en laissant à l'adversaire les forteresses qui nous menacent, surtout Verdun et Belfort, et les contreforts occidentaux des Vosges situés entre ces deux forteresses.

« Par la conquête de la ligne de la Meuse et de la côte française avec les embouchures des canaux, on acquerrait, outre les régions de minerais de fer déjà indiquées de Briey, les territoires charbonniers des départements du Nord et du Pas de-Calais.

« Ces augmentations territoriales — la chose va de soi après l'expérience faite en Alsace-Lorraine — supposent que la population des territoires annexés ne sera pas en mesure d'obtenir une influence politique sur les destinées de l'empire allemand, et que tous les moyens de puissance économique existant sur ces territoires, y compris la propriété moyenne et la grande propriété, passeront en des mains allemandes : la France indemnisera les propriétaires et les recueillera. »

. . . .

« La Russie doit quitter son ancienne frontière, qui n'est pas sa frontière naturelle. La partie occupée doit devenir une riche contrée agricole qui alimentera le peuple et les villes où pourront s'établir le surcroît de la population et les réfugiés qui ont trouvé un asile en Allemagne ; ils construiront de nouvelles demeures dans leur patrie, qui, industrialisée par l'Allemand, rendrait la production de l'empire bien supérieure à celle de l'Angleterre. Ce pays doit être assuré à notre peuple.

« Nous ne craignons pas de promettre aux provinces baltiques de nombreux travailleurs allemands. Enfin nous devons demander une indemnité que la Russie ne pourra pas payer après cette guerre, comme après la guerre russo-japonaise ; cependant, elle est si riche en territoires qu'elle pourra payer en nature, mais en territoires sans propriétaires. »

Cette rapacité sans pudeur est si naturelle à l'Allemagne, elle constitue tellement le fond de la mentalité primaire de ce peuple qu'on en trouve encore l'expression complaisamment formulée dans l'ouvrage intitulé *Politique allemande*, récemment publié par le prince de Bulow, ex-chancelier de l'empire.

« La protection que l'Allemagne trouvera dans l'avenir contre l'hostilité, contre les sentiments de revanche renouvelés et nouveaux, à l'ouest, à l'est et de l'autre côté de la Manche, ne peut être constituée, selon cet homme d'Etat en disponibilité, que par l'accroissement de sa propre puissance. Les armements sur terre et sur mer, nos adversaires, eux aussi, les fortifieront. Mais, nous, nous devons à nos frontières et sur nos côtes nous rendre plus forts, plus difficilement attaquables que nous ne l'étions au commencement de cette guerre. Non pour arriver à la domination mondiale, qu'on nous impute à tort, mais pour nous maintenir. Le résultat de la guerre ne doit pas être un résultat négatif ; il faut qu'il soit aussi positif. Il ne s'agit pas d'empêcher que nous soyons anéantis, ou dépecés ou volés, mais bien mieux, ce résultat doit se montrer en même temps sous forme d'assurances et de garanties réelles comme indemnité pour des peines et des souffrances encore jamais vues, et en même temps comme garantie pour l'avenir. Vu les sentiments qui resteront après cette guerre, le rétablissement pur et simple du *statu quo ante bellum* ne constituerait pas pour l'Allemagne un bénéfice, mais une perte. C'est seulement si le renforcement de notre situation politique, économique et militaire de puissance par la guerre, fait pencher sensiblement la balance sur l'hostilité qu'elle a allumée, que nous nous dirons, avec une conscience tranquille, que notre situation générale a été améliorée par la guerre. »

Il est superflu d'insister. Les documents authentiques, ci-dessus rappelés, sont plus probants que tous les commentaires ; ils démontrent péremptoirement que la solidarité internationale rêvée par l'Allemagne n'a rien de commun avec la conception des Alliés. Ceux-ci désirent que, dans la société des nations, le concours et l'indépendance s'harmonisent. L'Allemagne, au contraire, n'aura « la conscience tranquille », suivant le délicieux euphémisme du prince de Bulow, que quand elle aura réalisé, sous son sceptre, un concours privé d'indépendance, c'est-à-dire la servitude sous la tyrannie.

Or, l'Humanité a déjà subi ce régime et s'en est libérée ; en voulant le restaurer, l'Allemagne s'insurge donc contre les lois de l'évolution ; elle méconnaît la nature du milieu social contemporain. Cette erreur causera sa déchéance et celle du système international dont elle est la clef.

3° La solidarité des neutres et des belligérants

En raison de « l'égoïsme sacré » que les gouvernements neutres ont immédiatement adopté comme règle de conduite, la solidarité politique internationale n'a fait, jusqu'ici, que de faibles progrès, en dehors des belligérants.

Ces gouvernements ont malheureusement méconnu l'importance exceptionnelle que cette guerre présente pour la politique générale et pour l'avenir de la civilisation ; ils ne se sont pas rendu compte de la répercussion qu'elle doit fatalement avoir sur l'état présent de l'Humanité et sur sa marche future ; ils n'ont même pas compris que la cause de la Belgique était la leur, qu'une violation de traité international, impunément effectuée ici, aujourd'hui, peut être, avec la même absence de scrupules, renouvelée ailleurs, demain, et ils n'ont pas tenté de faire sentir qu'en traitant comme des chiffons de papier tant de conventions internationales qu'ils ont conjointement signées avec l'Allemagne celle-ci leur faisait injure et qu'ils pouvaient et devaient réagir en déclarant qu'ils étaient déliés de toute obligation vis-à-vis d'elle.

Comme au temps de Napoléon, ils se sont lâchement inclinés devant la force arrogante ; ils attendent, hésitants, les décisions de celle-ci, n'ayant probablement d'autre résolution ferme que de se mettre finalement dans le cortège du vainqueur.

A l'exception du Portugal qui, le 7 août 1914, a proclamé solennellement qu'il était prêt à remplir toutes les obligations de son traité d'alliance avec l'Angleterre, et du Brésil où, le 8 août 1914, le Parlement fédéral formula, contre la violation de la neutralité belge, une protestation qui se perdit alors dans le tumulte des armes, les neutres sont restés spectateurs hébêtés de ce grand crime et l'ex-président Roosevelt, indigné, a dit avec raison que, du fait de leur silence, les neutres partagent la responsabilité de l'Allemagne dans tous les crimes qu'elle a commis contre le droit des gens, notamment contre la Belgique.

En effet, la violation de la neutralité belge est le facteur prédominant du grand problème de politique générale que cette guerre soulève. Si la société des nations ferme les yeux sur ce crime, auprès duquel tous les autres sont des péchés véniels, il n'y a plus de droit international, plus de morale internationale, plus de traités internationaux, plus de règles pour les rapports des sociétés entre elles. La trahison et le brigandage sont restaurés. L'Humanité retourne à l'état dans lequel elle se trouvait à l'âge de la pierre éclatée.

Cette perspective, à laquelle la destruction, par les sous-marins allemands, des transports de passagers, a donné un commencement d'objectivité, finit, il est vrai, par émouvoir le président des Etats-Unis, habile dialecticien, juriste subtil, qui, après avoir inutilement échangé avec l'Allemagne toute une littérature pro cédurière, l'a menacée de la mettre au ban des nations, dans une note retentissante où il disait :

« Le gouvernement des Etats-Unis est obligé maintenant d'envisager ses propres intérêts et de déclarer au gouvernement impérial que ce moment est arrivé. Il se rend compte avec douleur que le point de vue admis au début par lui est rigoureusement juste, c'est-à dire que l'emploi des sous-marins pour la destruction du commerce ennemi, précisément en raison du caractère de ces navires et des méthodes d'attaque, est complètement inconciliable avec les principes d'humanité, les droits incontestables des neutres et les privilèges sacrés des non-combattants. Si le gouvernement impérial a l'intention de poursuivre la guerre sous-marine impitoyablement et sans distinction contre les navires de commerce, sans égard pour ce que le gouvernement des Etats-Unis considère comme les dispositions sacrées et inattaquables en droit international et comme les principes d'humanité unanimement reconnus, le gouvernement des Etats-Unis devra finalement en tirer la conclusion qu'il ne lui reste qu'une voie à suivre.

« A moins que l'Allemagne n'annonce immédiatement qu'elle abandonne ses méthodes d'attaques sous-marines actuelles contre les navires transportant des passagers et des marchandises, les Etats-Unis n'auront d'autre choix que la rupture des relations diplomatiques. C'est avec la plus grande répugnance que le gouvernement des Etats-Unis fait une démarche de ce genre, mais il se voit obligé de l'entreprendre au nom de l'humanité et des droits des nations neutres. »

Les pirates furent un moment troublés par cette admonestation et surtout par cet ultimatum.

Mais hélas ! les sous-marins ont recommencé leurs exploits d'assassins contre tous les navires de commerce sans distinction et la voix sévère du président Wilson n'a plus retenti.

Au contraire, peu de temps après sa belle harangue, il tint sur la guerre ce propos scandaleux :

« Cette querelle a entraîné si loin ceux qui s'y sont engagés qu'ils ne peuvent se maintenir dans les limites de la responsabilité.

« Comme plusieurs personnes me l'ont manifesté, si le reste du monde est fou, pourquoi ne refuserions-nous pas d'avoir rien à faire avec ce reste du monde dans les voies ordinaires de l'action ? Pourquoi ne pas laisser passer la tempête, et, quand tout sera fini, faire le règlement de comptes. »

Pour l'honneur de la moralité humaine, de nobles cœurs se sont montrés animés de sentiments plus élevés.

La Chambre des députés et le Sénat du Brésil ont voté l'insertion au journal officiel d'une courageuse conférence faite sur « les problèmes du droit international », à l'Université de Buenos-Aires, par l'ambassadeur de leur pays, M. Ruy Barbosa, membre du tribunal de la Haye, conférence dans laquelle on lit :

« Les neutres ne doivent pas récompenser, par leur abstention, ceux qui ont prémédité l'agression. Entre ceux qui détruisent la loi et ceux qui l'observent, il n'y a pas de neutralité admissible. Les tribunaux, l'opinion publique et la conscience ne sont pas neutres entre la loi et le crime. »

L'écho de ces fortes paroles retentira bruyamment, quelque jour, jusque dans les oreilles les plus obstruées.

Mais, à défaut de la solidarité politique, la solidarité économique des nations s'est révélée et développée, dans le cours de cette guerre, avec une clarté radieuse.

Jamais il ne fut mieux établi, par la matérialité souveraine des faits, qu'aucune nation ne peut subvenir à tous ses besoins, sans le concours des autres.

En dépit de leur obstiné désir de rester simples spectateurs de la catastrophe, les neutres n'ont pas été touchés moins que les belligérants par la perturbation profonde que la guerre a jetée dans la vie économique de la planète. D'aucuns, comme les Suisses, n'auraient pu continuer à vivre si le bénéfice de leur solidarité économique avec les belligérants leur avait été retiré.

Les atteintes inévitables, que cette solidarité a reçues, dans cette gigantesque conflagration, ont fait surgir de nombreuses difficultés diplomatiques, et le président Wilson, que tant de crimes contre le droit des gens ont laissé muet, a même, un moment, eu la fâcheuse inspiration de protester, au nom de quelques exportateurs de coton, contre les entraves apportées à ce genre de commerce par le blocus des côtes de l'Allemagne.

Sous toutes les formes donc, la solidarité économique a fait sentir son empire à chacune des nations et si quelques branches de commerce et d'industrie internationalisés ont souffert des limitations qui lui ont été infligées, si la vie a partout renchéri, la plupart des neutres ont trouvé, chez les belligérants, une clientèle avide dont ils ont très fructueusement exploité les impérieux besoins.

Les Alliés, en particulier, ont tiré un avantage énorme du libre jeu de leur solidarité économique avec les neutres, puisque cette liberté leur a permis de recourir à toutes les ressources de l'industrie, du commerce et de l'agriculture du monde, des Etats Unis surtout, où ils ont, en outre, pu contracter d'énormes emprunts destinés à solder sur place leurs achats et à ménager leurs réserves d'or.

L'Allemagne elle-même, malgré l'hyperthrophie de son orgueil et de son égoïsme, doit bénir aussi la solidarité économique ; car les fournitures des neutres et la contrebande, exercée par leur intermédiaire, lui ont certainement permis de prolonger la lutte, bien au delà de ce qu'elle aurait pu faire, si elle eut été strictement réduite à tout extraire de son propre fonds.

Quelque indifférents qu'ils aient été à la solidarité politique des nations, les neutres n'ont pas, non plus, pu se soustraire à l'influence de leur solidarité morale.

Ils l'ont tous, au moins, éprouvée sous une forme passive.

Quelques pacifistes hyperesthésiés, à qui l'idée que les hommes se battent, même pour défendre leurs biens, leur honneur et leur liberté attaqués, cause des pamoisons, ont bien pris le parti d'ignorer la guerre et la résolution de n'en plus parler. (1)

(1) V. dans *le Temps* du 5 novembre 1915, le mot d'ordre des pacifistes hollandais.

- Mais, d'une manière générale, les crimes allemands, la violation de la neutralité belge, les assassinats, les incendies, le bombardement des cathédrales, le torpillage sans avertissement des navires de commerce et des paquebots, ont progressivement déterminé contre l'Allemagne une répulsion unanime que von der Goltz avait la naïveté de considérer comme « une énigme psychologique, » et les neutres n'ont pas tardé à reconnaître « que le monde entier subit actuellement une grande crise morale et que l'issue de cette guerre décidera si le conflit a été une grande étape de la civilisation vers plus de justice et de liberté, ou si une paix illusoire viendra perpétuer les maux révélés par la guerre et laisser les nouvelles générations exposées aux mêmes périls. » (1)

Seul, le pape, drapé dans une majesté olympienne, s'est délibérément abstenu de toute opinion sur la moralité de cette guerre ; il a déclaré « qu'il était inutile d'engager l'autorité pontificale dans le litige même des belligérants. » (2)

Selon la terrible apostrophe d'Alfred Loisy, au milieu du conflit européen, le pape a gardé « la position de témoin, la plus effacée, il est permis de dire la plus pitoyable, que pût adopter en face des problèmes du droit, de haute morale individuelle, sociale et humaine, que pose cette guerre, une autorité qui se dit établie par Dieu pour indiquer à tous les peuples et à tous les hommes le chemin de la vérité. De Belgique et de France des croyants catholiques ont tourné leurs regards vers le siège de Pierre et ils ont dû constater avec stupeur que ce siège était vide. Que pourraient donc y aller chercher maintenant les incroyants ? Peu

(1) *La Tribune de New-York,* novembre 1915.
(2) Allocution consistoriale du 22 janvier 1915.

importe, en vérité, que, de temps en temps, un fantôme de souverain sans Etat fasse mine de s'y asseoir et d'adresser au monde sur un ton impérial quelques paroles mortes. » (1)

Heureusement, suppléant la papauté défaillante, le vénérable cardinal Mercier s'est fait l'organe intrépide de la morale universelle et une solidarité morale, active et féconde, s'est établie, entre les belligérants et les neutres, par l'intermédiaire des esprits les plus éminents et les plus représentatifs de Hollande, de Suisse, d'Espagne, de Grèce et des deux Amériques. Ces penseurs indépendants ont fait l'office de pouvoir spirituel en flétrissant tous les crimes de lèse-Humanité dont l'Allemagne s'est rendue coupable, en témoignant chaleureusement leurs sympathies pour les nations qui la combattent et en éclairant chaque jour les jugements de l'opinion publique sur la nature réelle de la guerre.

Cette force morale, qui combat partout, dans le monde, en faveur du même idéal de civilisation que les Alliés, a servi de bienfaisant contre-poison à la presse reptilienne allemanisée, et, longtemps spontanée et incoordonnée, elle cherche maintenant son expression synthétique et systématique avec la « Ligue des pays neutres » qui vient de se constituer à la Haye. Le nom des présidents des sections nationales de cette ligue révèle son programme, puisque ces présidents s'appellent, entre autres : Emile Verhaeren, Whitney Waren, Take Jonesco, Venizelos et Ruy Barbosa.

D'autre part, l'activité de la solidarité morale des peuples s'est manifestée sous l'aspect des légions de

(1) *Guerre et Religion*, 2e édition, p. 6 et pp. 64 et suivantes ; p. 94. Un jugement, non moins sévère, est formulé dans *Le Pape et la Guerre*, par un catholique français. Alcan, édit., 1916.

volontaires, originaires de tous les pays neutres, qui, vaillamment, ont pris rang dans les armées alliées pour s'opposer avec elles à la rétrogradation de l'Europe et de l'Humanité vers l'état barbare.

De plus, cette même activité s'est traduite par les multiples œuvres hospitalières ou philantropiques, fondées en pays neutres ou instituées par des neutres sur le territoire même des belligérants, pour soulager les blessés, les malades et toutes les malheureuses victimes de la guerre.

A cet égard, un hommage particulier de profonde et vive reconnaissance est dû : d'une part, à la Suisse qui, avec son agence internationale des prisonniers, son bureau de secours aux prisonniers et sa sympathique hospitalité aux otages, aux grands blessés et aux prisonniers civils rapatriés, a versé le baume salutaire de la tendresse humaine sur tant de souffrances morales ; d'autre part, aux Etats-Unis et à l'Espagne, qui se sont plus spécialement consacrés à l'amendement du sort lamentable des populations demeurées sous le joug exécrable de l'ennemi.

Avec une générosité sans bornes et un dévouement qu'aucun mauvais vouloir n'a lassé, les Etats-Unis se sont appliqués à ravitailler la Belgique, les habitants du Nord de la France, la Pologne, la Serbie, la Syrie.

Sur l'invitation du Congrès et sur l'initiative du président Wilson, une journée polonaise a été organisée le 1er janvier 1916 et une Société, mue par un sentiment social aussi intelligent que délicat, s'est fondée en Amérique, dans le but de doter les orphelins de la guerre de familles d'adoption.

Enfin le pape lui même a dignement exercé sa mission charitable. C'est à son intervention que sont dus l'échange des grands blessés et l'internement des soldats malades dans les pays neutres ; en outre, il a généreusement fait office de « grand aumônier de l'Eglise ». (1)

Tandis que la guerre et son hideux cortège de calamités sans nombre poursuit sa route ensanglantée, un grand courant d'altruisme circule donc, néanmoins, à travers le monde, et jamais la fraternité, la charité, la pitié n'apparurent plus nettement comme des vertus humaines, inhérentes à notre nature même, indépendantes des croyances, des peuples et des races, et propres, par conséquent, à les rallier toutes.

III

Conclusion

En résumé, la solidarité humaine s'est développée, sous toutes ses formes, pendant cette guerre. Tous les peuples ont, plus ou moins directement, été influencés par ce conflit ; ils sont, tous, intéressés à son dénouement, dont la direction future de la politique générale dépend.

Quel que soit ce dénouement, on peut, dès maintenant, constater que la guerre a déterminé une magnifique efflorescence de l'union civique chez les belligérants, en particulier chez les Alliés.

Puisse cette salutaire union se maintenir au lendemain de cette douloureuse épreuve, où des récriminations diverses ne manqueront pas d'éclater et où de graves questions sociales surgiront, engendrées : par la situation matérielle des mobilisés, à leur retour dans leurs foyers ; par la situation des mutilés ; par la

(1) *Le Pape et la Guerre*, p. 40.

situation des populations des régions envahies et dé
vastées ; par la situation des chômeurs ; par la nécessité
pour les soldats eux-mêmes de se réhabituer à l'activité
économique, après tant de longs mois passés dans les
tranchées et dans les camps ; par le désir, enfin, de
faire la lumière sur les responsabilités relatives à
l'organisation préalable de la défense nationale et à la
conduite des opérations !

Sans plus attendre, on peut constater, en outre,
que, malgré l'exaltation du sentiment national, le
mouvement de solidarité qui, depuis l'origine de l'histoire, tend à rapprocher les nations et à les placer
dans la dépendance les unes des autres, ne s'est pas
arrêté ; à certains égards, il s'est, au contraire, accé-
léré ; son existence devient de plus en plus visible,
pour les yeux les moins perspicaces.

Ce mouvement universel et permanent présentera
certainement une intensité plus grande, quand le
canon se taira, en raison des masses énormes de ruines
qu'il a causées et à la réparation desquelles tous les
peuples contribueront, en raison, de plus, du besoin
de reconstruire l'Europe et de rétablir l'ordre dans la
société des nations.

Les hommes comprendront plus aisément qu'aucune
nation, eut-elle atteint la puissance économique de
l'Allemagne, ne peut subsister sans le secours des
autres, que toutes les nations sont solidaires, qu'elles
ont une vie commune, et que, pour le moins, la fable
des membres et de l'estomac s'applique à l'organisme
collectif qu'elles constituent autant qu'à l'organisme
individuel.

Heureusement, cette guerre aura plus fait pour l'édu
cation internationale, pour l'élargissement de l'horizon
mental des hommes et pour le développement de l'esprit planétaire que plusieurs générations de philoso-

phes combinant leurs efforts pour convertir les multitudes à l'organisation spirituelle et temporelle du genre humain.

Cette guerre a, d'autre part, fait ressortir l'obligation, pour tous les hommes d'Etat, de placer la politique extérieure sur le même plan que la politique intérieure, d'avoir les yeux constamment fixés sur l'ensemble de l'échiquier du monde et de ne pas se laisser aveugler, paralyser, épuiser par de misérables querelles locales de personnes ou de coteries.

Elle incitera à réorganiser, à perfectionner le corps diplomatique, appareil de premier ordre pour les gouvernements d'aujourd'hui, et pour la vie internationale dont le bon fonctionnement exige des hommes d'un mérite rare, intellectuel, politique, moral et social.

Vraisemblablement, la société des nations comprendra mieux aussi que toute guerre est désormais une guerre civile fratricide ; elle s'ingéniera à découvrir le moyen d'éviter le retour de calamités semblables, d'autant plus affligeantes que les seuls profits réels, que l'Humanité peut en tirer, pourraient être obtenus par d'autres procédés et qu'une médiocre sagesse permettrait de les éviter.

Bref, lorsqu'elle sortira de l'enfer effroyable dans lequel elle vit, lorsqu'elle pourra méditer, avec calme, les leçons de cette catastrophe, l'Humanité se montrera, selon toute apparence, plus éclairée sur les conditions essentielles de sa constitution, plus intelligente, mieux disposée à se conformer aux devoirs correspondant à la destination de son évolution sur cette terre.

Tout au moins en sera-t-il ainsi chez les Alliés qui, dans la rude épreuve qu'ils supportent en commun, sentent, mieux que tous autres, les avantages de la solidarité et qui combattent, d'une manière explicite, pour l'idéal qui, tout le long des siècles écoulés, n'a cessé de guider confusément notre espèce dans sa marche progressive.

Et si, comme tout permet de l'espérer, les Alliés triomphent, leur propre intérêt leur commandera de maintenir et de consolider leur alliance pour garantir les résultats généraux de leur victoire sur la barbarie. Leur association justicière pourra, dès lors, devenir le noyau d'une Europe et d'une Humanité régénérées.

L'homme est toujours plus fortement stimulé par les nécessités pratiques que par les théories les plus persuasives ; sous l'empire de ces nécessités, les gouvernements des nations alliées ont très clairement aperçu les devoirs que leur imposent la situation actuelle du monde et le souci de ses destinées futures dont la responsabilité leur incombe plus particulièrement.

Lors de la célébration du deuxième anniversaire de la guerre en Grande Bretagne, le 4 août 1916, les organes autorisés du gouvernement de ce pays se sont exprimés ainsi :

« Les libertés, pour lesquelles les troupes alliées combattent, doivent être garanties et assurées. » (1)

« Notre alliance ne doit pas cesser avec la guerre. Sur elle repose le bonheur futur, non seulement de l'Europe, mais du monde. » (2)

« Grâce à la victoire des Alliés, le règne du droit public en Europe passera du domaine de l'idéal dans la réalité concrète.

« Cela signifie l'indépendance et l'égalité des grands et des petits Etats. Le recours à la force, en cas de querelle, sera empêché par la volonté commune de l'Europe. Le résultat sera une grande association en

---

(1) Message du roi aux chefs du gouvernement de toutes les nations alliées.

(2) Discours de lord Robert Cécil, à Mansion House.

nations fédérées pour procurer une vie plus belle, plus libre, à des millions d'êtres qui, de générations en générations, enrichiront l'héritage de l'Humanité. » (1)

Si le couronnement de la guerre est vraiment tel, les positivistes seront les premiers à le saluer avec allégresse comme une conquête d'un prix inestimable et comme un heureux présage de la réalisation de l'idéal qui console et fortifie leur âme indignée des horreurs du présent.

Pas d'illusions toutefois !

Le cas de l'Allemagne révèle combien la nature humaine est encore infectée d'animalité, combien elle est encore soumise, malgré tant de siècles de vie sociale, au tyrannique empire de l'égoïsme.

Tant que cet état de choses persistera, tant que la bestialité originelle de l'homme ne sera pas mieux domptée, il faut craindre que la culture de l'intelligence n'aboutisse qu'à la transformation des individus et des races, en animaux plus redoutables que l'homme primitif, *nudus et inermis.*

L'ordre et le progrès ne seront réellement garantis que quand, simultanément, l'amour servira de principe à la conduite humaine, comme le prescrit la formule trinitaire de la religion de l'Humanité.

———

P. S. — 31 août 1916. — Au moment où les pages qui précèdent vont sortir de l'imprimerie, l'Italie vient de déclarer la guerre à l'Allemagne, la Roumanie vient

(1) Discours de M. Asquith, au Queen's Hall.

de la déclarer à l'Autriche-Hongrie, la Grèce manifeste
son indignation du rôle honteux que son roi d'occasion
voulait lui faire jouer.

Ainsi ce que lord Robert Cecil a judicieusement
qualifié « d'association de l'Europe civilisée » se fortifie ; cette association s'étend et l'espoir que l'Humanité, délivrée des odieuses menaces dirigées contre
elle, reprendra plus vaillamment sa marche progressive séculaire, apparaît plus réconfortant et plus
radieux que jamais.

TABLE DES MATIÈRES

Riom (Puy-de-Dôme). — Imprimerie F. Fonfraid. 

OUVRAGES POSITIVISTES

du même Auteur

RIOM (PUY-DE-DÔME)

IMPRIMERIE TYPOGRAPHIQUE F. FONFRAID

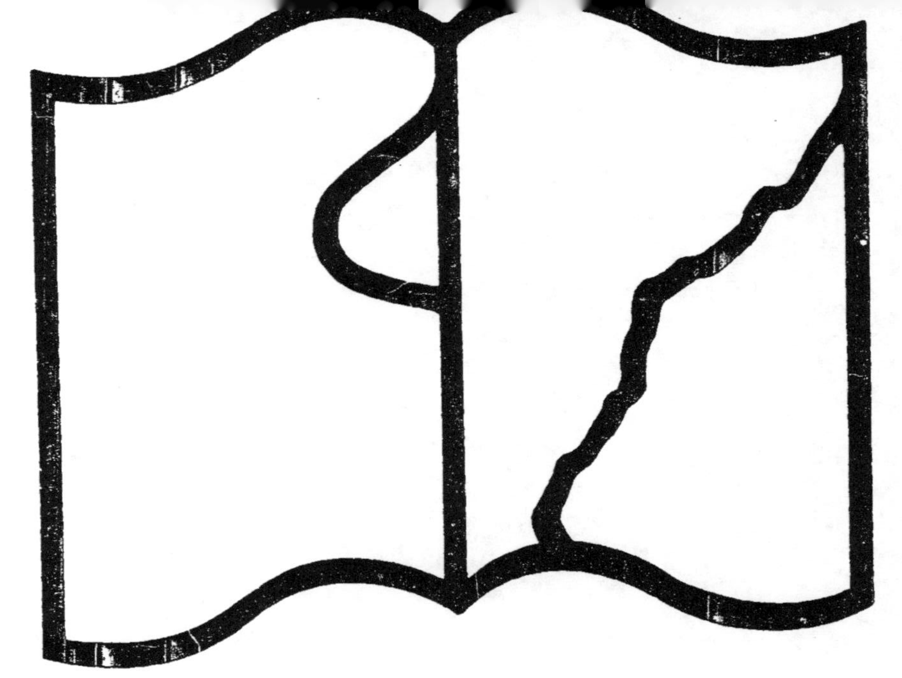

Texte détérioré — reliure défectueuse

NF Z 43-120-11

www.ingramcontent.com/pod-product-compliance
Lightning Source LLC
LaVergne TN
LVHW020213030726
842520LV00003B/1050